NON C'È ESAME

La tua strada verso una vita più felice

ERIC SALINAS

Second Star Press

INDICE

Prefazione   vii

Introduzione: Allaccia le cinture   ix

Parte Uno
LASCIARE IL PROPRIO QUARTIERE

1. Tu Sei Qui   3
2. 10.000 specchietti retrovisori   9

Parte Due
L'INGRESSO IN AUTOSTRADA

3. I percorsi che ti hanno insegnato   19
4. La trappola della velocità   29
5. Chi tiene il punteggio?   37

Parte Tre
LA STRADA PANORAMICA

6. La velocità è relativa   49
7. Il loro viaggio, il tuo ricordo   63
8. Il tuo contachilometri, i tuoi chilometri   71

Parte Quattro
AREA DI SOSTA

9. Smetti di guardare le altre corsie   83
10. L'autostrada appartiene a tutti   91
11. La loro mappa non è la tua   103
12. Ogni svolta ti ha portato fin qui   113

Parte Cinque
ORA DI PUNTA

13. Guidatori, non ostacoli   131
14. La precedenza che concedi   143
15. I segnali di stop esistono per una ragione   151

Parte Sei
LA STRADA APERTA

16. Oggi è il 100% del tuo tragitto 161
17. Occhi sulla strada 171
18. Il tuo percorso unico 183

Parte Sette
METTERSI AL VOLANTE

19. Gareggiare contro il proprio contachilometri 195
20. Le tue mani sul volante 205
21. Il modo in cui hai guidato è ciò che conta 213

Parte Otto
ACCOSTARE

22. Oltre il tuo specchietto retrovisore 225
23. Cruise Control Spento 235
24. Questa è la mia fermata 243

Appendice A: Spia del Motore 251
Appendice B: Quando finiscono la benzina 255
Appendice C: Pulire il mio bagagliaio 259
Note 263
Informazioni sull'autore 265
Nota dell'Autore 267
Ringraziamenti 269

*A Silvana, mio amore e co-pilota, che vede la strada proprio come la vedo io.
Mi hai mostrato che le parole possono essere dei veicoli.*

PREFAZIONE

Da quando ho iniziato a vivere in questo modo, i miei mal di testa sono diminuiti. La maggior parte era dovuta allo stress, legata a un'ansia che non mi rendevo neppure conto di portarmi addosso. Non ho curato lo stress. Ho solo smesso di gettare benzina su un fuoco che stava già bruciando.

Il cambiamento è avvenuto gradualmente. Ho iniziato a notare schemi che non potevo più ignorare. Cose che tutti accettano come normali, ma che forse non sono così immutabili come pensiamo. Domande che nessuno si pone perché tutti danno per scontato che le risposte siano ovvie.

A quanto pare, non lo sono.

Vivo in modo diverso da oltre un anno, ormai. Non si tratta di un metodo o di una routine: è una mentalità. Qualcosa di fondamentale è cambiato nel mio modo di vedere gli obiettivi, la competizione, il successo, ciò che conta e ciò che no.

Ho iniziato a parlarne con un collega di lavoro. Mi ha detto che ha cambiato il suo modo di vedere ogni cosa. È solo una persona. Ho pensato che, se aveva avuto risonanza in lui, forse avrebbe potuto creare una connessione anche con qualcun altro.

Così, ho deciso di scrivere questo libro.

Non per dirti come vivere. Non per convertirti a qualche filosofia. Solo per condividere ciò che ho notato, cosa è cambiato per me, e vedere se qualcosa di tutto questo si ricollega a una sensazione che hai percepito ma a cui non sapevi dare un nome.

Condividerò storie della mia vita. Quando qualcosa stimolerà un tuo ricordo, saremo sulla strada giusta. Quando non accadrà, andrà bene lo stesso. Background differenti implicano percorsi differenti.

Questa è una conversazione. Non sono qui per dispensare saggezza preconfezionata o per fare sfoggio di competenza. Sono qui per condividere ciò che ho imparato vivendolo sulla mia pelle.

Se stai leggendo queste righe, sei già curioso.

Pronto? Accendiamo i motori.

INTRODUZIONE: ALLACCIA LE CINTURE

Facciamoci un giro (sì, in auto). Durante questo viaggio voglio mostrarti alcune cose che potresti riconoscere una volta viste.

Hai presente quella sensazione che si prova quando si sale su un'auto fiammante? L'odore, l'entusiasmo di vedere tutto per la prima volta. Inizi a capire dove si trovano i comandi. A cosa serve questo pulsante. Perché esiste quella determinata impostazione. Con il passare dei giorni, scopri funzioni che non sapevi nemmeno esistessero. Alcune funzionano esattamente come ti aspettavi. Altre ti sorprendono completamente.

È così che ti sembrerà questo libro. Scopriremo cose — premendo pulsanti che non abbiamo mai provato prima, vedendo cosa fanno realmente, imparando che alcune cose funzionano in modo completamente diverso da come pensavamo. Elementi che davamo per scontati potrebbero apparire diversi da questa nuova angolazione.

Faremo delle soste lungo il cammino quando avremo bisogno di elaborare ciò che stiamo vedendo. Per sgranchirci le gambe. Per soffermarci su qualcosa per un momento prima di proseguire.

Fai il pendolare ogni giorno, giusto? Vai ogni giorno al lavoro, a scuola, ovunque debba andare. Conosci quel tragitto. Il percorso familiare. Il traffico. Le altre auto intorno a te.

Questa è la tua strada verso una vita più felice.

Non ti presenti a mani vuote. Hai vissuto abbastanza a lungo da aver capito alcune cose. Ne hai passate abbastanza da aver sviluppato l'istinto. Hai compiuto abbastanza scelte da capire cosa conta per te. Qualunque cosa ti abbia spinto a prendere in mano questo libro — curiosità, frustrazione, tempismo, caso — ti sei portato fin qui con tutto ciò che hai già imparato.

Sai dov'è il tuo punto di riferimento e potresti aver superato diversi «ostacoli» per arrivare fin qui. Ma ora stai vedendo alcuni conducenti sulla strada. E li raggiungerai, così da poter ottenere il successo di cui hai bisogno. Hai già capito contro chi stai gareggiando. Sai già cosa significa il tuo 100%. Sai quali scelte ti hanno portato a questo momento. Sei qui. Sai che non tutti percorreranno la tua stessa distanza. Le generazioni precedenti ti hanno insegnato come guidare, ma ora sai che i tuoi occhi devono solo essere concentrati sulla strada davanti a te. Niente distrazioni. Sai tutto questo. Lo hai sempre saputo.

Pronto? Prendi il volante.

Parte Uno

LASCIARE IL PROPRIO QUARTIERE

Uscire dal territorio familiare, scoprire nuovi percorsi.

Capitolo 1

TU SEI QUI

C'è qualcosa che il tuo cervello fa ogni singola volta che ti trovi in un'auto, e probabilmente non te ne sei mai accorto.

Hai mai notato come ogni guidatore più veloce di te sia un folle spericolato, e ogni guidatore più lento non sappia quello che sta facendo? Non è una coincidenza. È la premessa di tutto ciò che stiamo per esplorare.

Guidare nella corsia centrale

Siamo usciti dal quartiere. Guarda l'auto nella corsia accanto alla tua. Ora guarda quella davanti. Una sta andando più veloce di te, e improvvisamente il tuo cervello la etichetta: guidatore aggressivo, probabilmente va di fretta, pensa che la strada sia sua. L'altra va più piano, e il cervello lo fa di nuovo: perché sta su questa corsia? Non gli hanno insegnato a stare sulla destra se guida lentamente?

Il punto è questo: entrambe le reazioni sono avvenute a causa della TUA velocità. Tu sei il punto di riferimento. Sei lo zero sul tachimetro del tuo mondo.

Quell'auto che va a 130 km/h? Sta guardando qualcuno che va a 150 pensando esattamente la stessa cosa che hai appena pensato tu di lei. E l'auto che hai appena definito lenta? Sta guardando qualcuno che va ancora più piano con la stessa frustrazione che hai provato tu nei suoi confronti.

Ognuno è il centro dei propri riferimenti. Forse ti hanno detto che non sei il centro dell'universo, ma sei assolutamente il centro del TUO universo, della TUA vita. Tutto ciò che percepisci come «veloce» o «lento», «intelligente» o «stupido», «di successo» o «in difficoltà» viene misurato usando te stesso come linea di base.

Il ciclo infinito della competizione

E questo crea un problema. Una volta che ti misuri rispetto a tutti gli altri, rimani intrappolato in un ciclo infinito.

Diciamo che stai viaggiando tranquillo e vedi qualcuno davanti che va più veloce. Accelera per sorpassarlo. Ci si sente bene, vero? Ma aspetta: ora vedi una nuova auto davanti che va ancora più veloce di te. Quindi accelera di nuovo. Sorpassi anche quella.

Solo che ora c'è un'altra auto che prima non potevi vedere, che va ancora più forte della precedente.

E un'altra ancora oltre quella.

E un'altra ancora. E un'altra.

In realtà non sei arrivato in nessun posto diverso nella competizione. Hai solo cambiato le auto con cui ti stai confrontando. Nel momento in cui sorpassi le auto «più veloci», riveli semplicemente un NUOVO set di auto veloci che prima non riuscivi a vedere. Pensi di aver bisogno di un ultimo sorpasso? C'è sempre un'altra auto là davanti. Non finisce mai.

Questo non riguarda solo la guida in autostrada. Riguarda tutto.

Stipendi: «Guadagno 80.000 euro» sembra ottimo finché non incontri qualcuno che ne guadagna 120.000, poi qualcuno da 200.000, poi qualcuno da 2 milioni...

Fitness: «Sollevo 70 kg alla panca» finché non vedi qualcuno che ne solleva 90, poi 110, poi 180...

Follower: «Ho 1.000 follower» finché non ne vedi uno con 10.000, poi 100.000, poi 1 milione, non hai la targa di YouTube? Figuriamoci...

Il cerchio non si chiude mai perché continui a spostare il punto di confronto ogni volta che pensi di essere «arrivato».

Il tuo contachilometri, non la loro velocità

Ecco quindi il cambiamento: smetti di guardare la velocità delle altre auto. Guarda il tuo contachilometri. I tuoi chilometri percorsi.

Il tuo contachilometri misura la distanza percorsa, non la velocità. Ieri il contachilometri segnava 1.000 chilometri. Oggi ne segna 1.050. Questo è un progresso. Cinquanta chilometri in più di esperienza, apprendimento, vita. È l'unica misura che conta.

Certi giorni percorrerai 100 chilometri perché l'autostrada è sgombra e il tempo è perfetto. Altri giorni ne percorrerai 10 perché sei su una strada di montagna che richiede una navigazione attenta. Entrambi i giorni hanno aggiunto chilometri al tuo contachilometri. Entrambi i giorni ti hanno portato avanti.

Forse oggi stai guidando a 50 km/h e ieri andavi a 100 km/h. Questo non significa che stia regredendo. Potrebbe significare che la strada di oggi ti richiede di rallentare e ammirare il paesaggio — guidando lungo la costa con l'oceano al tuo fianco — o di muoverti con prudenza attraverso un terreno difficile. La velocità non conta. Contano i chilometri che stai accumulando.

La persona accanto a te che va più veloce o più lenta? Il suo contachilometri segna numeri completamente diversi perché è partita da un luogo diverso, ha fatto percorsi diversi, ha fatto soste diverse. Il suo chilometraggio non ha nulla a che fare con il tuo viaggio. Buon viaggio, in sicurezza.

Confronta il tuo contachilometri con il TUO contachilometri di ieri. È l'unico confronto che abbia un senso.

L'illusione della proprietà della corsia

E mentre mettiamo in discussione la falsa competizione, affrontiamo un'altra illusione che ti porti dietro: la proprietà dello spazio pubblico.

Stai guidando come al solito, tornando dal lavoro. Vuoi solo fare in tempo per il tuo partner, che ti aspetta a casa per andare al cinema. Ti sei distratto un attimo e improvvisamente non ti sei accorto di un'auto che ti ha tagliato la strada — hai inchiodato, ma hai finito per tamponarli.

Incidente di poco conto. Nessuno si è fatto male. I programmi? Saltati. Il film dovrà aspettare. Tutti si assicurano che l'altro conducente stia bene. Arrivano le assicurazioni. Anche la polizia stradale. Racconta la tua versione all'agente. «Stavo guidando sotto il limite di velocità e improvvisamente quest'auto si è immessa nella mia corsia. Non sono riuscito a frenare in tempo...»

Ecco qui. Allarghiamo la visuale. La vera storia non riguarda l'incidente — questo esempio ipotetico serviva solo a sottolineare una cosa. «La tua corsia»?

Quando è diventata tua quella corsia? L'hai comprata? C'è il tuo nome sul titolo di proprietà? Ti consegnano l'atto notarile quando ti immetti in autostrada?

Le corsie sono pubbliche. Appartengono a tutti. Quel guidatore ha lo stesso diritto a quella corsia che hai tu.

Ma ecco cosa succede quando pensa di possedere la corsia: la rabbia al volante. Nel momento in cui credi che quello spazio sia TUO, ogni auto che ti entra sembra una violazione. Come qualcuno che entra in casa tua. I tuoi livelli di stress schizzano alle stelle perché qualcuno ti ha «rubato» qualcosa.

Solo che non l'hanno fatto. Perché non è mai stata tua fin dall'inizio.

Non sto dicendo che devi essere felici quando qualcuno si immette senza freccia o ti taglia la strada. Sto dicendo che l'intensità della tua rabbia è direttamente proporzionale a quanta proprietà senti di avere sullo spazio pubblico.

Abbassare la rabbia al volante

Senti, non ti dirò di non suonare mai il clacson o di non frustrarti mai. Non è realistico e, onestamente, non è nemmeno l'obiettivo (e sarei un pessimo esempio vivente se dicessi il contrario).

A volte DEVI suonare il clacson. Se qualcuno sta per venirti addosso, suona. Se qualcuno non si accorge che il semaforo è diventato verde e il traffico si sta bloccando, un colpo di clacson veloce è utile. Se qualcuno sta sbandando nella tua corsia, suona per sicurezza.

L'obiettivo non è lo zero assoluto di rabbia stradale. L'obiettivo è forse il 10% di rabbia invece del 90%.

Sii umani. Ogni tanto arrabbiati. Ma sii intenzionali. Chiediti: «Questo colpo di clacson serve per la sicurezza o per il mio ego?». Considera anche gli altri e occasionalmente suona per loro, per la loro sicurezza. A volte ne hanno bisogno.

Se un'auto ti taglia la strada e tu ti attacchi al clacson per 10 secondi urlando, quello è ego. A quel punto non stai prevenendo un incidente — l'auto ti ha già tagliato la strada. Stai solo punendo il conducente per aver mancato di rispetto alla «tua» corsia. La vendetta è una cosa bizzarra. E c'è sempre qualcuno che guarda.

Il tuo clacson non cambierà il loro comportamento. O non gliene importerà nulla, o diventeranno difensivi, o ti faranno il dito medio. Nessuno ha mai vissuto un momento di rabbia al volante e pensato: «Sai una cosa, quel clacson rabbioso mi ha proprio insegnato una lezione preziosa su come si cambia corsia».

L'unica coordinata che conta

Stabiliamo quindi la regola fondamentale per tutto questo viaggio:

Tu sei lo [0,0] della tua coordinata [x, y].

Ogni cosa intorno a te — velocità, successo, intelligenza, bellezza, ricchezza — è misurata in relazione alla TUA posizione. E questa non è arroganza. È pura fisica. Non si può misurare nulla senza un punto di riferimento, e tu sei il TUO punto di riferimento.

Le altre persone sono i LORO punti di riferimento. Loro misurano tu in relazione a se stessi, proprio come tu misuri loro in relazione a tu.

Nessuno ha torto. Ognuno sta solo percorrendo la propria rotta al proprio ritmo, con il proprio contachilometri che mostra numeri diversi.

Il problema non è che sei il centro del tuo universo. Il problema è pensare di dover essere il centro dell'universo di TUTTI. O peggio, credere che esista una sorta di pagella oggettiva nel cielo che dà voti alle prestazioni di guida di ognuno.

Non esiste.

Non c'è esame.

Quindi, smetti di confrontare la tua velocità con quella degli altri. Smetti di pensare di possedere la corsia. Smetti di suonare il clacson per ogni torto percepito. Concentrati sulla TUA rotta, sul TUO progresso, sul TUO contachilometri rispetto a dove si trovava ieri.

Cominciamo da qui. Proprio qui. Alle TUE coordinate.

Pronto a continuare?

Capitolo 2

10.000 SPECCHIETTI RETROVISORI

A differenza di qualsiasi altra cosa nella tua vita, la tua auto rivela diverse versioni di chi sei.

Ricorda tutte le volte che hai avuto dei passeggeri. I figli sul sedile posteriore mentre andavi a scuola. Il coniuge seduto accanto a tu durante un viaggio. I genitori anziani diretti a un appuntamento dal medico. Gli amici stipati in auto per un fine settimana fuori porta. Un collega a cui hai dato un passaggio mentre la sua auto era in officina.

Ognuno di loro ha conosciuto un guidatore completamente diverso. Un mondo diverso visto dal sedile del passeggero.

Non perché foste finti. Non perché stesse mettendo in scena uno spettacolo. Ma situazioni diverse, passeggeri diversi e strade diverse tirano fuori versioni differenti di chi sei al volante.

Passeggeri diversi, guidatori diversi

Se hai figli, pensa a quei viaggi di famiglia. Stringi il volante con troppa forza, lamentandovi a voce alta del costo della benzina. Li sgridate dicendo di «smetterla di litigare là dietro» perché il traffico ti sta stressando.

C'è tensione nella tua voce quando ti perdi e ti rifiuti di fidarti del

GPS. Pensi che loro siano concentrati sulla destinazione: la spiaggia, il parco a tema, la montagna. Ma non è così.

Sono concentrati su di te. I bambini assorbono tutto. Osservano chi guida. Perché chi guida controlla la loro sicurezza, il loro comfort, l'intera esperienza in quella macchina.

Non pensano a dove stanno andando. Osservano come li stai portando lì.

Ora pensa al tuo coniuge o partner seduto accanto a te.

Vede un guidatore completamente diverso rispetto ai tuoi figli. Ti vede cambiare rotta all'ultimo momento quando sei in ritardo: cambiare corsia in modo aggressivo, prendere scorciatoie, accelerare con il giallo. Ma ti vede anche nel parcheggio, mentre ti prendi tutto il tempo necessario per fare una retromarcia perfetta perché non vuoi lasciare l'auto storta.

Vedono il tu impaziente e il tu meticoloso nello stesso viaggio.

I tuoi figli vedono solo il «guidatore stressato». Il tuo partner vede le sfumature: la competenza mista all'impazienza, la premura mista alla frustrazione. Sa che non sei un solo guidatore; ne sei diverso, a seconda del contesto.

E quando in macchina ci sono i tuoi genitori anziani? Improvvisamente, diventi un guidatore del tutto diverso.

Rallenti con il giallo invece di sfrecciare. Lascia spazio extra tra te e l'auto che ti precede. Evita i cambi di corsia se non sono strettamente necessari. Commenti a voce alta le tue decisioni alla guida: «Adesso mi immetto, lascio prima passare quella macchina».

Questo non è essere finti. È essere appropriati. Sei tu che adatta la tua guida alle necessità dei tuoi passeggeri.

Ma se i tuoi figli potessero vedere QUESTA versione di te, faticherebbero a riconoscere il guidatore. Dov'è finita la persona che urla contro chi va piano e taglia per le stradine secondarie per risparmiare tre minuti?

E poi ci sono quei viaggi del fine settimana con gli amici: finestrini abbassati, musica a palla, prendendo la strada panoramica perché nessuno ha fretta. Guida a 15 km/h sotto il limite solo per goderti il panorama. Ti fermi in autogrill o trattorie a caso lungo la strada. Ridi degli errori di percorso invece di stressarti.

Il tuo coniuge rimarrebbe scioccato. «Da quando ti piace perderti?»

Eppure non sei persone diverse. Sei solo guidatori diversi in un contesto diverso, con passeggeri diversi e priorità diverse.

Ogni giorno feriale alle 14:00, sei in fila davanti alla scuola. Pazienti. Concentrati sulla sicurezza. Avanza centimetro dopo centimetro. Fai cenno agli altri genitori di passare avanti. Ti assicuri che nessun bambino corra dietro la tua auto.

Ma tre ore dopo, stai uscendo dal lavoro nell'ora di punta. La sfida è aperta. Cambia corsia in modo aggressivo perché devi tornare a casa, preparare la cena e portare i figli agli allenamenti di calcio per le 18:00.

Stesso guidatore. Stesso giorno. Approcci completamente diversi.

Quindi, qual è il «vero» tu?

Tutti quanti.

Ogni singola versione è autentica. Non stai indossando una maschera: stai rispondendo a strade diverse, passeggeri diversi, circostanze diverse.

Se provassi a guidare in un modo che soddisfi TUTTI i tuoi passeggeri passati allo stesso tempo, rimarresti paralizzati. È folle anche solo provarci.

I tuoi figli ti vorrebbero calmi e rilassati. Il tuo partner ti vorrebbe decisi ed efficienti. I tuoi genitori anziani ti vorrebbero cauti e lenti. I tuoi amici ti vorrebbero spontanei e divertenti.

Dovresti essere 10.000 guidatori diversi per fare colpo su chiunque sia mai salito sulla tua auto.

La versione perfetta impossibile

Creiamo nella nostra testa questa immagine idealizzata: il «guidatore perfetto» che renderebbe tutti felici. Calmo ma deciso. Paziente ma efficiente. Prudente ma spontaneo.

E poi ci esauriamo cercando di ESSERE quella versione per tutti, tutto il tempo.

Pensiamo che tutti ci stiano dando un voto in base a quanto ci avviciniamo a questa versione perfetta. Immaginiamo i nostri passeggeri che si scambiano opinioni: «Quando ero in macchina con lui, era davvero stressato. Che fine ha fatto la versione divertente e rilassata che dovrebbe essere?»

Quella versione perfetta universale non esiste. Non è mai esistita.

Non è che stai fallendo nel diventarlo. Stai inseguendo qualcosa che fin dall'inizio non era possibile.

I tuoi figli non hanno bisogno della versione divertente da viaggio on-the-road quando sono spaventati sul sedile posteriore durante un temporale; hanno bisogno della versione sicura di sé, quella che trasmette il messaggio «ci penso io». I tuoi genitori anziani non hanno bisogno della versione efficiente; hanno bisogno della versione paziente e prudente. Il tuo partner non ha bisogno della versione sempre allegra; ha bisogno della versione onesta e autentica.

Non c'è esame che valuti se sei diventato la versione «giusta» di te stesso. Ci sono solo strade diverse che richiedono approcci diversi, e passeggeri diversi che hanno bisogno di cose diverse da te.

Smetti di cercare di perfezionare un unico «tu» universale. Inizia a riconoscere quale versione serva genuinamente al momento che stai vivendo.

Scegliere i passeggeri

Non puoi essere tutte le versioni contemporaneamente. Ma puoi scegliere quale versione ti serva meglio per il percorso che stai facendo in questo momento.

Se stai portando i tuoi figli da qualche parte, forse è meglio incanalare la versione paziente, quella che commenta ogni decisione, invece della versione stressata e frettolosa. Non perché una sia «vera» e l'altra finta, ma perché una crea ricordi migliori per i passeggeri che contano di più in quel particolare viaggio.

Se stai guidando da soli per schiarirti le idee, forse è meglio scegliere la versione della strada panoramica invece di quella dell'efficienza aggressiva. Non perché «debba» rilassarti, ma perché quella versione potrebbe effettivamente servire meglio ai tuoi bisogni in quel momento.

Alcune persone tirano fuori in tu comportamenti alla guida che non ti piacciono particolarmente.

Magari c'è un passeggero che ti fa sentire giudicati, per cui guida con più prudenza del necessario, mettendo in dubbio ogni cambio di corsia e spiegando troppo ogni decisione. O forse c'è un passeggero che ti fa sentire competitivi, per cui guida in modo più aggressivo per dimostrare qualcosa.

La domanda non è «Quale versione è il vero me?». La domanda è: «Quale versione voglio essere, e chi voglio che viaggi con me?»

Sei tu a scegliere chi entra nella tua auto. Scegli chi siede accanto a te. Scegli chi influenza la tua guida.

Alcuni passeggeri ti rendono guidatori migliori. Altri ti stressano. Con alcuni passeggeri ti piace stare. Ad altri dai un passaggio solo per obbligo.

Non c'è esame che stabilisca quali passeggeri dovresti tenere o quale versione di te stessi dovresti essere. Ma c'è la possibilità di scegliere chi ha accesso alla tua auto e quali percorsi intraprendere con loro.

Lascia che conservino la loro versione

Qualcosa che potrebbe metterti a disagio: le persone nella tua vita si sono già formate una loro versione di te. E tu non hai idea di come sia quella versione. È come quando senti la tua voce in una registrazione. Potrebbe non corrispondere alla versione che pensa di essere — o alla versione che cerca di mostrare loro.

Mettiamo che tuo figlio racconti una storia durante il pranzo di Natale: «Ricorda quel viaggio in cui papà si è perso così tanto che siamo finiti in quella tavola calda assurda? È stato divertentissimo!»

Ma tu lo ricorda diversamente. Non ti eri persi: avevi fatto una deviazione intenzionale. Ed eri stressato da morire, non ti stavi divertendo.

Hai due scelte:

Opzione A: Correggerli. «In realtà, non mi ero perso. Stavo facendo una strada panoramica, ed ero piuttosto stressato, non stavo ridendo».

Opzione B: Lasciare che conservino la loro versione. Perché nella LORO memoria, quel momento è felice. Ricordano di aver riso con i fratelli. Ricordano la stravagante tavola calda. Ricordano tu come parte di un'avventura, non di un errore.

Perché mai dovresti toglierglielo solo per essere tecnicamente precisi?

La loro versione li appaga, non la tua versione corretta. È il loro ricordo «distorto» di te quello che amano. È ciò di cui hanno bisogno da quel momento. La tua versione corretta non serve a loro: serve al bisogno del tuo ego di essere compreso accuratamente.

Questo vale per tutti. Il tuo partner ricorda la versione di te che conta per lui nella sua storia — spesso una versione di cui non sei nemmeno consapevoli, una versione che non hai realizzato di essere. Quella persona meravigliosa che ha sposato. Quella che lo fa sentire al sicuro, o visto, o stimolato nel modo giusto. I tuoi genitori ricordano la versione che si adatta alla loro esperienza. I tuoi amici ricordano la versione del tempo delle loro vite in cui eri presente.

Non puoi costringerli ad aggiornare la loro versione per farla corrispondere alla tua realtà attuale. E onestamente, perché dovresti volerlo?

Lascia che le persone conservino la loro versione di te. Finché non è dannosa, finché porta loro qualcosa di cui hanno bisogno, lasciategliela.

Non sei un unico guidatore fisso catturato perfettamente nella memoria di tutti. Sei 10.000 versioni in 10.000 ricordi distinti, e ognuna di quelle versioni è reale. Sono destinate a restare in quei ricordi, che ti piaccia o no.

Non c'è esame che ti imponga di correggere la memoria di tutti per farla coincidere con la tua storia ufficiale.

Non sei intrappolato

Non sei un unico guidatore prestabilito. Sei una collezione di stili di guida che si manifestano in contesti diversi.

Ma solo perché PUOI guidare in modo stressato, impaziente e preoccupato, non significa che DEBBATE continuare a guidare così — specialmente se non è vantaggioso per te o per i passeggeri a cui tieni davvero.

Non puoi controllare come i tuoi passeggeri passati ti ricordano. I tuoi figli potrebbero ricordare la versione stressata anche se hai fatto del tuo meglio. Questo non è sotto il tuo controllo.

Ma puoi controllare come guiderai da qui in avanti. Puoi decidere quale versione mostrare più spesso. Puoi decidere quali passeggeri avranno accesso regolare alla tua auto.

Non sei intrappolato nell'essere il guidatore che tutti gli altri hanno conosciuto. Sei tu a scegliere quale versione prenderà il volante domani.

Non c'è esame alla fine che valuti se hai scelto «correttamente». Ci sei solo tu, la tua auto, il tuo percorso e i passeggeri che decidi di portare con te.

Quindi, chi vuoi essere dietro quel volante?

Parte Due

L'INGRESSO IN AUTOSTRADA

Immettersi in autostrada, rendendosi conto di come si è imparato a guidare.

Capitolo 3

I PERCORSI CHE TI HANNO INSEGNATO

Ricordi quando hai imparato per la prima volta tutto ciò che sai sulla guida? Non parlo solo della meccanica — come girare il volante, premere i pedali, controllare gli specchietti. Parlo di tutto il resto. Le regole non scritte. Gli istinti. Le reazioni viscerali che hai quando qualcuno ti taglia la strada o quando vedi un parcheggio libero.

Da dove sono venute?

Come si diffonde la conoscenza

Prendiamo, per esempio, una matita.

Sai di poterci scrivere, ma come lo sai? Te l'ha detto l'insegnante, o forse i tuoi genitori. Ma quella specifica conoscenza è diventata «virale» migliaia di anni fa. E prima del tuo insegnante, qualcuno l'ha insegnata a lui. E prima ancora, qualcun altro. Tornando indietro di centinaia, forse migliaia di anni — il «virus della conoscenza» della matita è ancora vivo, si sta ancora diffondendo, trasmettendo ancora la stessa idea di base: questo strumento lascia segni sulla carta.

Voglio dire, ora sappiamo letteralmente cosa significhi «diventare virale».

(So che alcuni potrebbero aver rimosso il 2020, ma abbiamo sperimentato in prima persona come qualcosa sia diventato letteralmente virale.)

Se hai avuto il COVID, immagina quante persone prima di te abbiano portato lo stesso ceppo virale del tuo. Se torni indietro, c'è un'origine, il paziente zero, poi è diventato «virale» passando da diverse persone fino ad arrivare a te. Tecnicamente, quel virus è passato attraverso tantissime persone, come se tu fossi la 73ª generazione.

La conoscenza funziona allo stesso modo. Si diffonde di persona in persona, di generazione in generazione, ognuna la trasmette alla successiva e, il più delle volte, senza metterne in dubbio l'origine.

È così che impariamo fondamentalmente ogni cosa.

Le abitudini di guida che hai ereditato

Hai imparato a guidare a scuola guida — dove ti hanno insegnato le regole ufficiali (e forse alcune fissazioni personali degli istruttori). Dai tuoi genitori, che ti hanno insegnato con l'esempio ogni volta che sedevi sul sedile posteriore a osservarli. Dalla tua cultura, che ti ha insegnato che certi comportamenti alla guida significano certe cose. Dai film, che ti hanno mostrato come appare una guida «cool», come appare una guida «aggressiva», come appare il «successo» sulla strada.

Niente di tutto questo è neutrale. È tutto programmazione.

Cambi di corsia competitivi? Hai imparato questo. Forse guardando tua madre o tuo padre districarsi nel traffico per «recuperare tempo». Forse dai film dove l'eroe guida sempre come un missile. Forse dalla cultura della guida della tua città, dove l'esitazione ti attira colpi di clacson.

Posti auto di prestigio? Hai imparato anche questo. Arrivarci per primi. Parcheggiare vicino all'ingresso. Avere il posto «migliore». Niente di tutto ciò è oggettivamente migliore — è solo una gerarchia inventata da qualcuno e che tutti hanno accettato di far rispettare.

Gerarchia stradale? I camion dovrebbero stare a destra. Le auto sportive possono andare veloci. I minivan sono noiosi. Le auto di lusso meritano rispetto. Le auto elettriche sono per gli ambientalisti (o per i pionieri, a seconda di quale virus hai contratto).

Tutto imparato. Tutto trasmesso. Tutto accettato senza discutere.

Qualcuno ti ha detto di sentirti superiore

Neil deGrasse Tyson — astrofisico, divulgatore scientifico, qualcuno che ammiro profondamente per come abbraccia le idee — ha scritto qualcosa sulla competizione nel suo libro *Starry Messenger* che si applica perfettamente a questo caso:

> Le Olimpiadi devono la loro esistenza alla ricerca di persone tra noi capaci di prestazioni più veloci, più alte e più forti. Esami standardizzati, quiz televisivi, concorsi di bellezza, audizioni per talenti e la classifica Forbes 400 mettono tutti gli esseri umani l'uno contro l'altro, in ordine di rango. La società offre centinaia, se non migliaia di modi per dimostrare di essere migliori degli altri.[1]

E poi ha detto qualcosa che dovrebbe farci fermare tutti a riflettere:

> «Ti senti superiore perché qualcuno ti ha detto che era giusto sentirti così.»[2]

Rileggilo.

Non ti sei svegliato un giorno sentendo naturalmente di essere migliore del guidatore lento che intasa la corsia di sorpasso quando dovrebbe stare in quella di destra. Qualcuno ti ha insegnato che i guidatori lenti nella corsia di sinistra sono «nel torto» anche se stanno viaggiando al limite di velocità, e quindi tu (il guidatore più veloce, quello «corretto») sei superiore.

Non sapevi intrinsecamente che sorpassare più auto significa vincere. Qualcuno ti ha insegnato che andare avanti = successo.

La competizione è stata installata in te. Come un software. Come un virus.

L'economia dell'attenzione della mia città natale

Lascia che ti faccia un esempio personale del luogo in cui sono nato.

Sono cresciuto a Monterrey, in Messico, e lì c'è un virus culturale profondamente radicato. Ci definiamo competitivi e grandi lavoratori, e ce ne vantiamo con orgoglio — ma forse stiamo solo mascherando il bisogno di attenzione e convalida per sentirci superiori agli altri.

Ecco come funziona: se qualcuno ha qualcosa che riceve attenzione, tu hai bisogno di qualcosa di meglio, di più grande (solitamente più costoso) per attirare — o rubare — i riflettori.

Il tuo amico compra un'auto che la gente nota? Tu cercherai un pickup che la gente noti ancora di più.

Il tuo vicino organizza una festa di cui tutti parlano? Tu devi organizzarne una che diventi il nuovo standard di riferimento.

Si applica a tutto. Matrimoni. *Quinceañeras*. Titoli di lavoro. Dimensioni delle case. Squadre sportive.

E qui c'è la parte distorta: la tua gioia diventa relativa al far sentire gli altri inferiori.

Non basta essere felici della propria auto — devi sapere che la tua auto riceve più attenzione di quella del tuo amico. Non basta organizzare una festa meravigliosa — serve che la gente dica che è stata migliore dell'ultima, così che il precedente ospite si senta superato.

E non riguarda solo eventi e possedimenti. Diventa ancora più personale:

«Quando ti sposi?» «Quando avrai dei figli?» «Tuo cugino ha già due figli, cosa aspetti?» «Tuo fratello è appena stato promosso, come va il tuo lavoro?»

Questo costante paragone non deriva da un qualche sistema di misurazione oggettivo. È lo stesso virus culturale che si diffonde nelle famiglie, convincendo tutti che il proprio valore si misuri raggiungendo gli stessi traguardi — e raggiungendoli in modo più impressionante rispetto a chiunque altro.

C'è persino un esperimento mentale che espone perfettamente questo concetto:

«Preferiresti avere una casa da 300.000 dollari dove tutti gli altri hanno case da 200.000 dollari, o una casa da 500.000 dollari dove tutti gli altri hanno case da 1.000.000 di dollari?»

Razionalmente, la casa da mezzo milione di dollari è oggettivamente migliore. Più grande, più bella, di maggior valore.

Ma la maggior parte delle persone sceglie la casa da 300.000 dollari. Perché in quel quartiere stanno vincendo. Sono al top. L'abbondanza non conta se non sei relativamente superiore. Hanno la casa più bella dell'isolato — stanno ricevendo tutta l'attenzione.

Nel quartiere da un milione di dollari, sono in fondo alla scala. Hanno la casa «peggiore». Anche se è pur sempre una villa per qualsiasi parametro oggettivo, nessuno presta loro attenzione.

Quella preferenza — essere relativamente superiori piuttosto che oggettivamente migliori — è imparata. È un virus culturale. E rende le persone infelici.

Questo non vale per tutti, e non succede solo a Monterrey. Ma è quello che conosco per esserci cresciuto.

Segnali di status a cui ci insegnano a dare importanza

Hai mai notato come alcune persone comprino solo caffè costosi nel locale di tendenza quando potrebbero farsi il caffè a casa a una frazione del prezzo (ma senza la tazza firmata)?

Non è per il caffè. È per entrare in ufficio con quella specifica tazza. È per essere visti come qualcuno che può permettersi il caffè «buono» del posto di cui tutti parlano. È un segnale di status.

Lo stesso vale per i vestiti di marca dove il logo è enorme e visibile. Non stai comprando la qualità (una maglietta semplice è altrettanto funzionale) — stai comprando il segnale. Stai dicendo: «Posso permettermi questo marchio, il che significa che sono al di sopra di chi non può farlo.»

E puoi sempre dire quando qualcuno è diventato ricco dall'oggi al domani perché improvvisamente indossa loghi giganti e trame del brand su tutto l'abbigliamento. Hanno bisogno di mostrare alla folla che possono permetterselo. Sembrano totem viventi di marchi di lusso.

Nessuno nasce dando importanza ai loghi. Quello si impara. È un virus che qualcuno ha diffuso e che tu hai contratto.

Ai tempi del liceo, una volta ero fuori con un paio di amici nella mia città natale. Stavamo finendo la serata dopo aver passato tutto il giorno sullo skateboard (all'epoca non c'era internet, quindi socializzavamo all'aperto — tempi folli, eh?). Eravamo seduti nel garage di casa del mio amico e c'era un'auto parcheggiata dal vicino.

Non ricordo i dettagli esatti, ma la conversazione ci portò a notarla solo come un'auto dalla forma comune. Grigia. Noiosa. Pensammo tipo: «Bah, è una berlina.»

Ma poi un amico passò di lì per buttare la sigaretta e si rese conto che era una BMW, e improvvisamente iniziò a dire: «Wow, guardala, è una macchina fantastica!»

La marca gli ha fatto pensare in quel modo. Non l'auto in sé. Niente di oggettivamente diverso nel suo aspetto o nella sua funzione. Solo il logo. Solo la consapevolezza che «doveva essere» impressionante.

Questo è il virus in azione. Non ci importava dell'auto finché non abbiamo saputo che era costosa. Poi ci è importato perché doveva importarci.

Quando ti accorgi di darci importanza

La programmazione culturale è efficace perché gira in silenzio. Non ti accorgi della sua installazione. Senti solo la reazione e presumi che sia tua.

Ma puoi imparare a individuarla sul momento.

Sei a un semaforo e un'auto di lusso si affianca. Succede qualcosa nel tuo cervello — un giudizio automatico sul conducente, forse un lampo di invidia o un senso di superiorità a seconda di cosa stai guidando tu. Quella reazione non era tua. È stata programmata in te.

Vedi le foto delle vacanze di qualcuno sui social media. Prima ancora di pensarci, stai paragonando il loro viaggio al tuo, specialmente se ci sei già stato tempo fa, sentendoti come se fossi rimasto indietro, pianificando mentalmente la prossima vacanza ancora più impressionante da pubblicare. Quel riflesso di paragone non era tuo. È stato installato.

La programmazione si manifesta nella frazione di secondo tra il vedere qualcosa e il provare qualcosa a riguardo. Quel divario — è lì che vivono le credenze installate.

Non puoi cancellare completamente la programmazione culturale. È troppo profonda. Troppo automatica. Troppo rinforzata da tutto ciò che ti circonda.

Ma puoi imparare a riconoscerla. E il riconoscimento cambia tutto.

Quando ti sorprendi a giudicare l'auto, la casa, i vestiti, il lavoro di qualcuno — puoi fare una pausa e chiederti: «Dove ho imparato che questo conta?» Inizi a cercare l'origine delle tue stesse convinzioni.

Quando senti l'impulso di superare la storia di qualcuno con la tua, puoi notare: «Voglio davvero condividere questo, o sto solo cercando di stabilire una gerarchia?»

Quando inizi a paragonare la tua vita ai momenti migliori di qualcun altro, puoi fermarti: «Chi mi ha insegnato a misurare il mio valore in questo modo?»

Non sceglierai sempre diversamente. A volte riconoscerai la programmazione e seguirai comunque le sue istruzioni perché è più facile, o perché tutti gli altri la seguono, o perché sei troppo stanco per resistere.

Ma il riconoscimento rompe il pilota automatico. Crea un momento di scelta dove prima c'era solo una reazione automatica. E quel momento — è lì che inizia la libertà.

Puoi disimparare

Ecco la buona notizia: se queste idee sono state imparate, possono essere disimparate.

Non sei bloccato con le abitudini di guida che hai ereditato. Non sei obbligato a competere solo perché tutti intorno a te competono. Non sei tenuto a sentirti superiore solo perché la tua cultura ti ha detto che va bene.

Puoi riconoscere la programmazione per quello che è — un'idea che ti è stata trasmessa senza il tuo permesso — e decidere se vuoi tenerla.

Alcune programmazioni culturali sono utili. Le leggi sul traffico esistono per buone ragioni. Le norme sociali sulla cortesia di base fanno funzionare la società.

Ma i cambi di corsia competitivi? Il parcheggio di prestigio? Sentirsi superiori perché guidi in un certo modo o perché hai il tettuccio apribile?

Quelli sono opzionali. E ti stanno rendendo infelice.

Quindi, come si inizia effettivamente a disimparare?

Inizia con la consapevolezza. L'hai appena fatto nell'ultima sezione. Nota quando la programmazione è attiva. Non giudicarla. Non combatterla immediatamente. Limitati a vederla. «Oh, ecco di nuovo quel paragone automatico di status.»

Poi mettila in discussione. Quando cogli la programmazione in atto, chiediti: «E se non mi importasse di questo?» Non come impegno a smettere di importartene per sempre — solo come esperimento. E se l'auto di quella persona non contasse? E se non avessi bisogno della vacanza spettacolare? E se... lasciassi perdere? Il mondo non finisce. Di solito, non succede un bel niente.

Poi prova a scegliere diversamente una volta. Non come nuova regola. Non come cambiamento permanente. Solo una volta. Qualcuno parla di qualcosa di cui va fiero. Invece di menzionare il tuo traguardo, dì semplicemente: «È fantastico.» Tutto qui. Non «Mi hai svoltato la giornata», non renderlo un discorso su di te. Solo un semplice riconoscimento. Vedi cosa succede. Di solito? Continuano a parlare. Non si accorgono che non hai gareggiato. La gerarchia che pensavi di dover stabilire non era affatto necessaria.

Nota come ci si sente. Quando non prendi parte a un paragone in cui normalmente saresti entrato, quando non compri l'oggetto di status che di solito avresti comprato, quando non giudichi qualcuno che normalmente avresti giudicato — presta attenzione alla sensazione. A volte è un sollievo. A volte è libertà. A volte è scomodo perché la programmazione è ancora lì, che insiste ancora che questo conti. Tutte queste sensazioni sono informazioni.

Questo è disimparare. Non cancellare il codice. Non sostituirlo con un codice diverso. Solo riconoscere che è un codice, e decidere se vuoi eseguirlo.

Puoi scegliere di smettere di partecipare a competizioni in cui non hai mai accettato di entrare. Puoi scegliere di smettere di misurare la tua felicità rispetto alle vite degli altri. Puoi scegliere di percorrere la tua strada senza preoccuparti di essere «avanti» o «indietro» rispetto a chiunque altro.

Non c'è esame che valuti se sei al passo con le persone giuste o se segui il giusto copione culturale.

Ma c'è una scelta: continuare a far girare il software installato da qualcun altro, o iniziare a scrivere il proprio codice.

Capitolo 4

LA TRAPPOLA DELLA VELOCITÀ

Sapere cosa gli altri pensassero di noi un tempo richiedeva un feedback reale. Ora otteniamo metriche istantanee: like, visualizzazioni, condivisioni. E siamo diventati dipendenti dal tabellone dei punteggi di una gara che non abbiamo mai accettato di correre.

Perché stiamo gareggiando? Chi ci ha detto che dovevamo essere l'auto più veloce dell'autostrada? Quando documentare le nostre vite è diventato più importante che viverle?

L'evoluzione dei concerti

C'è un esempio perfetto di come sia avvenuto questo cambiamento, e lo si può tracciare attraverso i concerti degli ultimi 40 anni:

- Anni '80: La gente andava ai concerti con le mani alzate, gli accendini che brillavano nel buio. Vivevano la musica. Erano NEL momento. L'obiettivo era sentire la musica, far parte dell'energia della folla, connettersi con l'esibizione.
- Anni '90: Apparvero le macchine fotografiche. La gente iniziò a fare foto ai membri della band. La maggior parte delle volte era vietato introdurre fotocamere a un concerto. Ma quando possibile, le foto servivano a ricordare la serata in seguito. Per guardarsi indietro e dire: «Li ho visti dal

vivo». L'esperienza era ancora primaria. La documentazione era secondaria.

- Anni 2000: I cellulari ottennero le fotocamere. Ora le persone registravano intere canzoni: video sgranati, audio terribile, riprese traballanti che non avrebbero mai più guardato davvero. Ma guardavano ancora per lo più lo spettacolo mentre registravano. Il telefono era supplementare rispetto all'esperienza.
- Anni 2010: Gli smartphone migliorarono. Ora la gente si faceva i selfie CON la band sullo sfondo. Noti il cambiamento? La band divenne lo sfondo. Il concerto non riguardava più l'esibizione, ma il dimostrare che TU eri all'esibizione. La documentazione stava diventando equivalente all'esperienza.
- Anni 2020: E oggi? Oggi, le persone filmano se stesse per l'intero concerto. La fotocamera rivolta verso di loro, la band che sfuma all'orizzonte dietro il loro telefono. Gli artisti non contano: noi siamo i protagonisti del nostro evento personale chiamato «andare a un concerto». Non guardano lo spettacolo. Guardano il proprio schermo che li riprende mentre sono allo spettacolo.

Siamo diventati noi la storia. La band è irrilevante.

Il concerto non è più la destinazione. Il concerto è solo lo sfondo per i tuoi contenuti. Per la tua storia. Per la prova che stai vivendo una vita interessante che dovrebbe impressionare gli altri.

Tutti si esibiscono, nessuno guarda

C'è un video diventato virale qualche anno fa. La cosa più triste è che si ripete ogni anno. Capodanno a Parigi. Migliaia di persone riunite intorno all'*Arc de Triomphe* per i festeggiamenti di mezzanotte.

La telecamera sorvola la folla. Ogni singola persona ha il telefono alzato, registrando. Tutti quanti.

Non guardano. Registrano.

Nessuno sta vivendo il momento per cui ha viaggiato migliaia di chilometri. Lo stanno guardando tutti attraverso uno schermo da 6 pollici, assicurandosi di catturarlo per persone che non sono lì.

Quindi, se tutti registrano e nessuno guarda, che senso ha essere lì?

Per chi stanno registrando? Per chi non c'era? Perché a quelle persone dovrebbe importare di filmati traballanti di qualcosa che non hanno vissuto?

La risposta: registrano per dimostrare di esserci stati. Per dimostrare che la loro vita è interessante. Per raccogliere prove del fatto che stanno vincendo la gara.

Vai in una palestra qualsiasi adesso. Guarda cosa succede.

Qualcuno posiziona il telefono per registrare il proprio allenamento. Non per controllare la forma. Non per monitorare i progressi. Per pubblicarlo. Per mostrare a tutti che si sta allenando. Che è costante. Che è migliore di chi non è in palestra.

Ed ecco dove la cosa diventa davvero rivelatrice: cacciano le persone dalla propria inquadratura. Si infastidiscono se qualcuno passa nel loro raggio d'azione. Ricominciano la serie perché qualcuno ha «rovinato» il video.

E poi — qui la situazione peggiora ulteriormente — pubblicano il video esponendo la persona che ha osato interrompere la loro registrazione. Come si permette di usare la palestra pubblica mentre qualcuno sta creando contenuti? Umiliano degli sconosciuti online per il crimine di... esistere in uno spazio condiviso. (Un plauso a Joey Swoll — bodybuilder e influencer del fitness — per aver dato il via al movimento «Fatti i fatti tuoi» per stigmatizzare questo comportamento.)

L'allenamento diventa secondario rispetto alla documentazione dell'allenamento stesso.

Non sono lì per diventare più forti. Sono lì per farsi vedere mentre diventano più forti. Non competono contro la loro prestazione precedente: competono per l'attenzione, per la convalida, per la prova di essere in testa alla gara.

Dov'è il reality show?

I social media hanno cambiato la dinamica di come vediamo noi stessi.

Ci hanno insegnato che siamo tutti il personaggio principale del nostro film, e che tutti gli altri dovrebbero stare a guardare.

Non stiamo solo vivendo le nostre vite. Stiamo mettendo in scena la nostra vita. La stiamo curando. La stiamo montando per un pubblico a cui potrebbe importare o meno.

Recitiamo come se partecipassimo a un gioco a cui non ci siamo mai iscritti: concorrenti di un reality show, costantemente consapevoli della telecamera, costantemente pronti a correggere il nostro comportamento per gli spettatori, misurando il nostro valore in base agli ascolti.

Ma la scomoda verità è questa: nessuno ti guarda così da vicino come pensi.

I tuoi follower non studiano i tuoi post. Scorrono. Prestano un'attenzione distratta mentre sono in fila per il caffè. Consumano i tuoi contenuti nello stesso modo in cui tu consumi i loro: velocemente, senza pensare, dimenticandosene prima ancora di passare al post successivo.

Gli psicologi chiamano questo fenomeno «effetto spotlight» (effetto riflettore). Presumi di essere sul palco, che tutti notino il tuo aspetto, i tuoi errori, le tue scelte di vita. La verità? Sono tutti troppo preoccupati di se stessi per preoccuparsi di te. Non sono il pubblico che guarda il tuo film: sono i protagonisti del loro film, e a malapena si accorgono che esisti, se non come scenario di sottofondo.

Stai gareggiando per l'attenzione di persone che non stanno guardando affatto la gara.

Scorri per aggiornare

Allora perché non riusciamo a smettere? Perché continuiamo a controllare? Perché sembra così difficile mettere giù il telefono?

Perché il sistema è progettato per agganciarti.

Le piattaforme social non sono solo app: sono slot machine in tasca. E utilizzano l'esatto meccanismo psicologico che rende il gioco d'azzardo una dipendenza: il rinforzo intermittente.

Ecco come funziona: pubblichi qualcosa. Non sai come andrà.

Forse ricevi 10 like. Forse 100. Forse 1.000. Quell'incertezza crea anticipazione. E l'anticipazione innesca la dopamina.

Ogni volta che controlli il telefono, tiri la leva di una slot machine. A volte vinci (notifiche! like! commenti!). A volte no. Ma la possibilità che QUESTA volta sia la vincita più grande ti spinge a continuare a controllare.

La scarica di dopamina non deriva nemmeno dai like stessi, ma dall'attesa di riceverli forse. È per questo che continui ad aggiornare. Ecco perché controlli cinque minuti dopo la pubblicazione. Ecco perché ti senti ansioso quando un post non rende quanto ti aspettavi.

Non sei debole. Non sei dipendente perché ti manca la forza di volontà. Ti scontri con un'industria da miliardi di dollari che ha ingegnerizzato queste piattaforme specificamente per renderle il più addictive possibile. Assumono neuroscienziati e psicologi comportamentali il cui intero lavoro consiste nel capire come tenerti inchiodato allo scorrimento.

Il pallino rosso delle notifiche? Progettato per scatenare un senso di urgenza. Lo scroll infinito? Progettato per eliminare i punti di stop. L'indicatore di «visualizzato»? Progettato per creare pressione sociale a rispondere immediatamente. L'algoritmo che ti mostra contenuti che ti fanno infervorare? Progettato per tenerti impegnato anche se ti rende infelice.

Ogni funzione è ottimizzata per una sola cosa: tenerti sulla piattaforma il più a lungo possibile così da poterti vendere più pubblicità. L'algoritmo governa ciò che vedi, ciò che provi, ciò che fai dopo.

E funziona perché alla dopamina non interessa il tuo benessere. Alla dopamina interessa la previsione della ricompensa. La tua mente non distingue tra ricompense reali o immagina: la dopamina si attiva in entrambi i casi. E queste piattaforme hanno capito esattamente come hackerare quel sistema.

Ecco perché puoi passare due ore a scrollare e sentirti peggio di quando hai iniziato. Ecco perché puoi sapere razionalmente che i social media ti rendono ansioso, ma non riesci comunque a smettere di controllare. Ecco perché cancellare l'app sembra una crisi d'astinenza.

Non stai fallendo nell'autocontrollo. Stai combattendo un sistema progettato specificamente per scavalcare il tuo autocontrollo.

Cercare convalida dai fantasmi

Allora perché lo facciamo? Perché continuiamo a nutrire la macchina anche quando sappiamo che è progettata per sfruttarci?

Perché nella nostra mente cerchiamo la convalida del fatto che siamo più in voga degli altri. Che siamo più interessanti. Che stiamo vincendo la gara.

Ogni post è un confronto. Ogni storia è una prova. Ogni like è un voto che conferma che sì, sei avanti, stai facendo meglio, vali la pena di essere notato.

Il concerto non riguarda la musica, ma il dimostrare di avere accesso a concerti a cui altri non hanno. Il video in palestra non riguarda il fitness, ma il dimostrare di essere più disciplinati di chi non è lì. Le foto delle vacanze non riguardano la vacanza, ma il dimostrare che la tua vita è più eccitante di quella di chi sta guardando i tuoi post.

I social media hanno trasformato la vita in una valutazione delle prestazioni. E da allora inseguiamo un buon voto.

Non c'è un giudice. Non c'è un punteggio finale. Non c'è una commissione di persone che alla fine della tua vita esaminerà il tuo feed Instagram per decidere se hai vissuto correttamente.

Stai correndo in una competizione che non esiste, cercando di impressionare persone che non prestano attenzione, raccogliendo punti che non valgono nulla.

Documentazione contro Esibizione

Quando smetti di esibirti, inizi a vivere davvero. Riesci a essere presente. Riesci a vivere i momenti invece di catturare solo le prove che siano accaduti. Ti riprendi la tua attenzione. Ti riprendi la tua vita.

La gente si sta accorgendo di questo. Si stanno rendendo conto di aver passato anni a filmare le proprie vite invece di viverle. E stanno cambiando rotta: condividere meno, vivere di più.

Ma lasciami essere chiaro: documentare i momenti non è il problema. Fare foto per ricordare il primo concerto di tuo figlio? Bellissimo. Registrare un videomessaggio per qualcuno che non ha potuto esserci? Gentilissimo. Catturare un momento perché desideri sinceramente riviverlo in seguito? Perfettamente lecito.

Il problema nasce quando la documentazione diventa esibizione.

Quindi chiediti:

Stavi condividendo perché volevi ricordare il momento? O stavi condividendo perché volevi che gli altri ti vedessero mentre vivevi quel momento?

Stavi documentando la tua vita? O stavi mettendo in scena la tua vita?

Ti stavi godendo il concerto? O stavi dimostrando di essere al concerto?

Non c'è nulla di male nella prima opzione di ogni domanda. Il ricordo è importante. La connessione è importante. Condividere momenti significativi con le persone care è umano.

Ma quando ogni momento diventa contenuto, quando ogni esperienza diventa prova in una competizione a cui non avevi accettato di partecipare, quando la tua vita è curata per un pubblico anziché vissuta per te stesso — è lì che hai smarrito la strada.

Non c'è esame che valuti se la tua vita appaia impressionante a degli sconosciuti su Internet.

Ma c'è una scelta: continuare a correre per la convalida di persone che non stanno guardando, oppure mettere giù il telefono e vivere davvero ciò che stai facendo.

L'autostrada è lunga. Il paesaggio merita di essere visto. Ma non puoi vederlo se stai fissando uno schermo che ti mostra cosa pensano gli altri di te.

Smetti di competere per l'attenzione. Smetti di correre per dimostrare che sei avanti. Smetti di filmare il viaggio e limitati a... guidare.

Capitolo 5

CHI TIENE IL PUNTEGGIO?

Immagina di rischiare tutto ciò per cui hai lavorato a causa di una discussione con uno sconosciuto.

E intendo proprio tutto.

L'istruzione: tutti quegli anni trascorsi a scuola, a giocare durante l'intervallo, a crescere ammirando il tuo idolo sportivo, a imparare i testi del tuo cantante preferito. Uscire con gli amici. Passare del tempo con i tuoi genitori quando ti portavano in vacanza. Tutto il duro lavoro che hanno fatto per farti arrivare all'università. I turni che hai fatto per pagarti gli studi. Le innumerevoli notti passi in bianco a studiare per quegli esami brutali, andando avanti perché stavi costruendo qualcosa.

La casa che hai costruito con il tuo partner. Le persone che ti aspettano a casa. I tuoi fratelli o sorelle che ti conoscono da tutta la vita. I tuoi figli, che non pensano minimamente che possa accadere qualcosa al loro eroe. Dipendono totalmente da te: per la loro istruzione, per il loro rifugio, per la loro sicurezza, per il loro futuro.

Tutto quanto. Tutto ciò che hai costruito. Tutto ciò per cui ti sei sacrificato. Tutto ciò verso cui hai lavorato. Tutto ciò per cui lascerai un'eredità.

Per una discussione con uno sconosciuto su una partita. O per un cambio di corsia. O su chi avesse ragione. Per qualcuno che non fa parte della mia gente.

Sembra folle, vero?

Eppure la gente lo fa ogni giorno.

La rissa allo stadio

Sei a una partita. La tua squadra segna. Esulti. L'uomo seduto dietro di te — che indossa la maglia dell'altra squadra — dice qualcosa. Nemmeno a te, sta solo borbottando con il suo amico. Ma tu lo hai sentito.

Ora hai una scelta.

Potresti ignorarlo. Goderti la partita. Tornare a casa dalla famiglia. Svegliarti domani con il tuo lavoro intatto, la tua salute intatta, la tua vita intatta.

Oppure potresti girarti e rispondere. Far degenerare la situazione. Farla diventare una questione di principio. Lasciare che il tuo ego ti convinca che devi mettere questo sconosciuto al suo posto perché ha mancato di rispetto alla tua squadra, il che significa che ha mancato di rispetto a te, il che significa che devi difendere il tuo onore.

E poi cosa succede?

Forse nulla. Forse lui farà marcia indietro. Forse urlerai entrambi e poi la sicurezza ti separerà e tornerai entrambi a casa sentendoti come se avessi «vinto».

O forse si passa alle mani. Magari sferrate un pugno. Magari lui risponde. Magari cadete. Magari batti la testa su un gradino di cemento. Magari perdi un occhio. Magari finite paralizzati. Magari finite in prigione.

Per cosa?

Per la tua squadra? Voglio dire, di solito loro non sanno nemmeno che esisti come persone. Non verranno a trovarti in ospedale. Non pagheranno le tue spese legali. Non si prenderanno cura dei tuoi figli mentre tu stai affrontando una lesione cerebrale.

Per il tuo orgoglio? Quanto vale il tuo orgoglio? Vale la tua capacità di camminare? Vale il fatto che i tuoi figli perdano un buon padre o una buona madre per l'insulto di uno sconosciuto? Vale il fatto che i tuoi figli vedano il proprio genitore arrestato? Vale la perdita del posto di lavoro perché ora hai la fedina penale sporca?

Beh, il punto è che non esiste alcun giudice che assegni punti per il fatto di avere ragione.

Non riceverai un voto alla fine dello scontro. Non c'è una commissione che esamina il filmato e dichiara: «Sì, è stato giusto far degenerare questa situazione. Ecco il trofeo per aver difeso il tuo onore». Fanfare. Fuochi d'artificio. Ce l'hai fatta!

Riceverai solo le conseguenze. E l'altro tizio riceverà le sue. Ed entrambi avrai rischiato tutto per... niente.

Lo scontro nel traffico

Stesso schema, luogo diverso.

Qualcuno ti taglia la strada nel traffico. Forse non ti ha visto. Forse sta correndo in ospedale. Forse è solo un conducente sconsiderato. Non importa — sei arrabbiato.

Hai la stessa scelta del tizio allo stadio. Vittima o meno, prendi una decisione.

Ignora e continua a guidare. Oppure fatela diventare una questione di stato.

Accelera. Ti affianchi. Urli. Fai gestacci. Ti attacchi al clacson. Lo segui. Vuoi che sappia che ha sbagliato. Vuoi che si senta male. Vuoi vincere questo scontro.

La parte veramente stupida? Avere «ragione» non impedirà alla sua auto di colpirti.

Diciamo che ti ha tagliato la strada bruscamente. Diciamo che hai ragione al 100%, e lui ha torto al 100%, e se la cosa finisse in tribunale, il giudice ti darebbe pienamente ragione.

Congratulazioni. Hai ragione.

Ma se la sua auto colpisce la tua perché hai deciso di impuntarti non lasciandolo passare, avere ragione non serve a nulla. La tua auto viene danneggiata. Potresti ferirti. Potresti finire in ospedale.

Le leggi della fisica non si curano del codice della strada. L'assicurazione dell'altro conducente non si cura del fatto che foste tecnicamente nel giusto. Al tuo funerale non ci sarà uno striscione con scritto: «MA AVEVA LA PRECEDENZA».

Non c'è esame che valuti se la tua rabbia stradale fosse giustificata.

C'è solo il risultato. E il risultato potrebbe essere che hai ragione E sei ferito. O che hai ragione E sei in ospedale. O che hai ragione E stai affrontando una causa per aver causato un incidente.

Prenditi cura di te stessi. Nessun altro veglia su di te per strada.

I segnapunti invisibili

Quindi, chi pensa che ti stia dando un voto?

Quando senti quella spinta a difendere il tuo onore, a dimostrare che qualcuno si sbaglia, ad assicurarti che sappiano che hai ragione — chi sta guardando? Chi tiene il punteggio?

La maggior parte delle persone, se è onesta, immagina una sorta di giuria. Un pubblico invisibile che somma vittorie e sconfitte. Un contabile cosmico che tiene traccia se lascia che la gente ti manchi di rispetto o se tieni testa.

Forse sono le voci dei tuoi genitori nella testa: «Non farti mettere i piedi in testa da nessuno». Forse è il condizionamento della tua cultura: «I veri uomini non si tirano indietro». Forse è la tua convinzione interiorizzata che cedere equivalga a debolezza, e la debolezza equivalga al fallimento.

Ma quei segnapunti non esistono.

I tuoi genitori non osservano ogni scontro che hai, valutando se ti sei difeso adeguatamente. La tua cultura non tiene il conto di quante volte hai tenuto testa rispetto a quante volte hai lasciato correre. Il tuo io futuro non guarderà indietro alla tua vita pensando: «Avrei voluto litigare di più con gli sconosciuti».

Quella giuria immaginaria non è reale.

Quando qualcuno ti taglia la strada e senti l'impulso di dire «non posso fargliela passare liscia» — chi esattamente gliela «farebbe passare liscia»? Non c'è una polizia stradale che dia un voto alla tua risposta. Non c'è un consiglio della virilità che verifichi se hai difeso correttamente la tua corsia. Non c'è un sistema di giustizia cosmico che assegni punti per essersi opposti ai conducenti maleducati.

Il segnapunti che stai immaginando — quello che giudica se sei troppo passivi, troppo aggressivi, troppo deboli, troppo conflittuali — esiste solo nella tua testa.

E la cosa pazzesca è che, anche se sai razionalmente che nessuno ti sta valutando davvero, senti comunque quella spinta. Senti comunque che c'è qualcosa in gioco. Come se lasciando correre, stessi perdendo una partita invisibile.

Quella sensazione è reale. Il gioco no.

La domanda non è «Come faccio a vincere?». La domanda è «Voglio giocare a un gioco che esiste solo nella mia immaginazione rischiando cose che esistono davvero nella realtà?».

Non devi vincere tutto

Si possono visitare i parchi Disney senza dover fare TUTTE le giostre.

Davvero. Puoi andare a Disney, fare tre giostre, mangiare qualcosa, guardare una parata e tornare a casa. Non devi massimizzare ogni minuto. Non devi visitare ogni attrazione. Non devi «battere» Disney.

Eppure la gente ci prova. Pianificano itinerari con precisione militare. Si svegliano all'alba. Camminano a passo di marcia tra un'attrazione e l'altra. Saltano i pasti per incastrare più giostre. Stressano le loro famiglie cercando di estrarre il massimo valore dal prezzo del biglietto.

E poi tornano a casa esausti, scottati dal sole, senza un soldo e ricordando a stento cosa si siano effettivamente goduti perché erano troppo impegnati a ottimizzare.

La vita è la stessa cosa.

Non devi dare corda a ogni idiota. Non devi combattere ogni battaglia. Non devi difendere il tuo onore in ogni scontro. Non devi correggere ogni persona che si sbaglia su internet.

Puoi semplicemente... lasciar correre.

Lascia che si sbaglino. Lascia che prendano la corsia. Lascia che dicano stupidaggini alla partita. Lascia che ti taglino la strada. Lascia che pensino di aver «vinto».

Non c'è un tabellone del punteggio.

Nessuno tiene traccia di quante discussioni hai vinto. Nessuno ti dà un voto su quanto efficacemente abbia difeso l'onore della tua squadra. Nessuno ti dà punti per avere ragione.

Stai competendo in un gioco che non esiste.

Battere l'ora di arrivo prevista

Quand'è stata l'ultima volta che hai cercato di battere l'ora di arrivo prevista (ETA) dall'app del GPS?

Anche se è solo 1 minuto prima, abbiamo vinto! Giusto? Abbiamo battuto il sistema!

Tranne per il fatto che non hai vinto. Ti sei immesso aggressivamente tra gli altri automobilisti. Potresti aver reso il loro tragitto più irritante. Potresti aver rischiato un incidente. E per cosa? Per arrivare 60 secondi prima.

Nessuno sta valutando quante volte batti il tuo tempo di arrivo stimato.

Io stesso mi sono imposto inconsciamente dei limiti su questo nel 2018, quando ho comprato la mia macchina. È una Prius C. Con questa macchina non è nemmeno possibile guidare in modo spericolato. Venendo da una Mini Cooper, è stato come dire: ehi, puoi (e non puoi fare altrimenti) guidare in pace.

Non che ora guidi a 30 km/h. Ma non vado più nemmeno ai 100 km/h. E l'ora di arrivo del GPS può restare la stessa o persino aumentare. Non importa a nessuno. Non c'è esame che valuti la mia ora di arrivo.

Ecco come appare la competizione immaginaria in autostrada: correre contro un numero arbitrario che in realtà non conta nulla, creando stress e rischi per se stessi e per gli altri, tutto per «vincere» qualcosa che non è mai stata una competizione.

La classifica immaginaria

Hai mai giocato a un gioco come *Candy Crush*?

È progettato per dare dipendenza. Superi un livello. Ti senti bene. Vedi i punteggi dei tuoi amici. Alcuni sono davanti a te. Allora giochi un altro livello. E un altro. E un altro ancora.

E poi ti rendi conto che stai spendendo soldi per un gioco gratuito. Stai perdendo ore di sonno. Stai ignorando la tua famiglia. Sei stressato per... *Candy Crush*.

Per cosa? Per essere il numero 1 in una classifica che letteralmente non conta nulla?

Il tuo migliore amico o i tuoi figli non ti ricorderanno come «la persona che era bravissima a *Candy Crush*». Nessuno farà scolpire «Top 10 in *Candy Crush*» sulla tua lapide.

Ma trattiamo gli scontri della vita reale nello stesso modo.

Rischiamo il lavoro, le relazioni, la libertà, la salute — tutto per scalare una classifica immaginaria. Tutto per dimostrare che siamo migliori, più intelligenti, più nel giusto di uno sconosciuto che non vedremo mai più.

Ci comportiamo come se ci fosse un tabellone cosmico che tiene traccia di ogni discussione vinta, di ogni persona messa al proprio posto, di ogni volta che abbiamo difeso il nostro onore.

Non c'è.

Smettetela di combattere battaglie immaginarie

Non c'è un insegnante che revisioni le tue decisioni di vita e faccia il conteggio di quante volte hai tenuto testa rispetto a quante volte hai lasciato correre.

Non c'è una pagella cosmica alla fine che misuri se hai difeso il tuo onore correttamente, se hai lasciato che la gente ti mancasse di rispetto, se hai dimostrato di avere ragione abbastanza spesso.

C'è solo la vita che stai effettivamente vivendo. La sicurezza che stai mantenendo. Le relazioni che stai preservando.

Quando sarai in un letto d'ospedale perché una rissa allo stadio è finita male, il medico non ti consegnerà il certificato «Avevi Ragione». Quando avrai a che fare con le conseguenze legali di un incidente dovuto alla rabbia stradale, il giudice non ti assegnerà punti bonus per essere stati tecnicamente nel giusto riguardo all'infrazione stradale.

Le uniche misure che contano davvero sono:

Sei al sicuro?

Le persone che amate sono al sicuro?

Questo scontro vale ciò che potresti perdere?

È tutto qui. È questa l'unica domanda. E conosci già le risposte.

Lo sconosciuto allo stadio non conta nulla. Il conducente che ti ha tagliato la strada non conta nulla. La persona su internet che si sbaglia non conta nulla.

Ciò che conta è tornare a casa dalla famiglia. Ciò che conta è svegliarsi domani senza una fedina penale sporca. Ciò che conta è non buttare via tutto ciò che hai costruito per la soddisfazione temporanea di dimostrare qualcosa a qualcuno che non si ricorderà di te tra cinque minuti.

Quindi smettetela di combattere battaglie che non contano. Smettetela di rischiare tutto per niente.

Non c'è esame. Non c'è mai stato.

L'unico voto che conta è se hai protetto ciò che ha davvero valore lasciando andare ciò che non ne ha.

E questo è un test che puoi superare semplicemente voltando le spalle e andandovene.

PRIMO PIT STOP

Siamo in viaggio ormai da un po'. Da cinque capitoli, per l'esattezza.

Sei immesso in autostrada. Hai capito di essere il tuo unico punto di riferimento. Hai incontrato tutte quelle diverse versioni di te stesso viste dai passeggeri. Hai riconosciuto i virus culturali che ti portavi dietro. Hai osservato tutti recitare la propria vita invece di viverla. Ti sei confrontato con un sistema di valutazione che, tanto per cominciare, non è mai esistito.

Quindi accostiamo un momento. Troviamo un'area di sosta. Spegniamo il motore. Scendi e sgranchisciti le gambe.

Guarda quanta strada abbiamo fatto dal tuo quartiere. Quando abbiamo iniziato, eri in stradine secondarie familiari dove tutto aveva senso perché avevi percorso quelle rotte mille volte. Ora siamo in autostrada, e da qui le cose appaiono diverse.

Le auto intorno a te non sono più minacce da sconfiggere: stanno solo viaggiando alla propria velocità. La corsia non è tua. E tutte quelle regole che pensavi di dover seguire? Per la maggior parte erano solo idee ereditate, non requisiti reali.

Hai visto quanto di ciò che credevi vero fosse solo programmazione. Convinzioni sul bisogno di essere i primi. Idee sul possesso della propria corsia. Il presupposto che qualcuno stia dando un voto alla tua prestazione. La pressione di stare al passo con tutti gli altri.

Nulla di tutto ciò era reale. Era solo roba imparata.

Stiamo per rimetterci in marcia, ma il prossimo tratto è diverso. Ora prenderemo la strada panoramica, quella che mostra come tutto cambi a seconda del punto in cui ci si trova.

Sei pronto a vedere come tutto appaia differente da questa prospettiva?

Andiamo.

Parte Tre

LA STRADA PANORAMICA

Prendere la strada panoramica, vedendo come tutto sia relativo.

Capitolo 6

LA VELOCITÀ È RELATIVA

Ora ti sto portando lungo la strada panoramica — non l'autostrada dove sei concentrato sulla velocità e sul superare gli altri. La strada panoramica è quella dove si rallenta e ci si guarda davvero intorno. Si nota il paesaggio. Gli alberi, le montagne, le altre auto con persone che vivono le loro vite.

È di questo che tratta questa parte del viaggio. Rallentare per osservare davvero ciò che ti circonda — le persone intorno a te, il modo in cui vedi tutto. Non per cambiare la tua posizione, ma per capire cosa stai guardando effettivamente dal punto in cui ti trovi. Hai una visione unica del paesaggio perché nessun altro si trova nel tuo stesso identico punto.

E questo include il modo in cui vedi gli altri guidatori — e siamo onesti, non tutti sembrano dei geni là fuori.

Ci sono persone più stupide di te e persone più intelligenti di te.

La stupidità è relativa a TE. Le persone sono o più intelligenti o più stolte di te. È proprio così che funziona la nostra percezione.

Torniamo all'esempio dell'autostrada. Quando stai viaggiando a 100 km/h, l'auto che va a 130 km/h sembra spericolata. Quella che va a 80 km/h sembra incompetente. Ma nessuna di queste osservazioni è oggettiva — sono entrambe relative alla TUA velocità. Tu sei il punto zero. Tutto il resto viene misurato come «più veloce di me» o «più lento di me».

Hai mai notato un'auto nello specchietto retrovisore che mantiene la stessa distanza dietro di te per chilometri durante un viaggio? Senti immediatamente una connessione con quel guidatore — sta seguendo il tuo ritmo, guida come te. Quell'empatia scatta automaticamente perché asseconda la tua velocità. Ti sembra «giusto».

L'intelligenza funziona allo stesso modo. Tu sei il parametro di riferimento. Le persone che capiscono le cose più velocemente di te, che vedono schemi che a te sfuggono, che afferrano concetti che ti confondono — loro sono «intelligenti» rispetto a te. Le persone che impiegano più tempo a capire, che non notano schemi ovvi, che faticano con concetti che a te sembrano semplici — loro sono «stupide» rispetto a te.

La linea della classifica mentale

Il tuo cervello lo fa automaticamente. Senza che te ne renda conto, le hai inconsciamente classificate nella tua testa — una linea immaginaria di persone che si estende fino all'orizzonte, tutte disposte in base all'intelligenza relativa alla tua.

Tu occupi la tua posizione su quella linea. Chiunque abbia mai incontrato è collocato da qualche parte su di essa. Le persone davanti a tu sono «più intelligenti». Quelle dietro di te sono «più stupide». Non in senso universale — solo in relazione alla tua interazione con loro.

Ed ecco cosa facciamo fatica a capire: non puoi far avanzare le persone sulla TUA linea. Quella persona che ti sembra stupida? Non puoi istruirla affinché diventi più intelligente di te. Non puoi aggiustarla. Non puoi spiegare meglio le cose finché non sale improvvisamente di grado sulla tua linea. È posizionata dove si trova in base a come il tuo cervello interagisce con il suo.

La linea è fissa rispetto a te.

Ma — e questo è fondamentale — quella stessa persona esiste anche sulla linea di tutti gli altri. E sulla linea del suo migliore amico? Potrebbe essere molto più avanti. La persona che hai classificato come «stupida» potrebbe essere la più brillante nel mondo di qualcun altro.

Quindi, quando sei tentato di «correggere» o «istruire» qualcuno che hai posizionato dietro di te sulla tua linea, ricorda: non stai misurando l'intelligenza universale. Stai misurando la sua posizione rispetto al TUO punto di riferimento. E quella misurazione non ha nulla a che fare con la sua posizione sulla linea di nessun altro.

Non puoi correggere le persone che sono dietro di te sulla tua linea. E non ne hai bisogno, perché non sono universalmente indietro — sono solo indietro rispetto alla tua percezione.

Il guidatore che ti ha tagliato la strada? Non lo correggerai suonando il clacson più forte.

Le persone stupide sono ovunque, e questo non cambierà mai.

Non puoi correggerle. Non puoi istruirle. Non puoi costringerle a ragionare. Non puoi far sì che ammettano di avere torto.

E, cosa ancora più importante, non sarai valutato in base a quante persone stupide correggerai.

Non c'è un insegnante che dà i voti alla tua vita pensando: «Caspita, guarda con quanta efficacia mette quegli idioti al loro posto. Un bel 10 e lode!»

Lascia che si sbaglino. Lascia che ti taglino la strada. Lascia che dicano sciocchezze durante la partita. Lascia che si divertano. Lascia che siano stupidi su internet. Lascia che esistano nel loro errore senza renderlo un problema tuo.

Anche tu sei sulla linea di qualcun altro

Mentre sei impegnato a classificare tutti sulla TUA linea, ogni persona nella tua vita ha la propria. I tuoi genitori avevano la loro. Se hai figli, loro hanno la propria. Se hai un partner, ha la sua.

E tu sei su tutte.

Pensateci. Se hai dei figli, loro non ti paragonano agli altri genitori. Tu SEI il loro punto di riferimento per il concetto di «genitore». Sei il loro zero. Sei lo standard rispetto al quale tutti gli altri genitori vengono misurati sulla loro linea — non perché sei in competizione con loro, ma perché sei letteralmente il loro parametro di base.

Se hai un partner, non ti sta classificando rispetto ad altri partner. Sei il punto di riferimento per «partner» nel suo mondo. Quando incontra il coniuge di qualcun altro, potrebbe notare delle differenze — «oh, è più paziente» o «è meno organizzato» — ma quelle osservazioni sono misurazioni relative a TE. Tu sei il punto zero. Non sei in competizione con quegli altri coniugi. Sei lo standard.

Pertanto, cercare di essere premiati come «il miglior» genitore o «il miglior» partner è impossibile. Non stai partecipando a una gara. Non stai cercando di classificarti più in alto di altri genitori o coniugi. Sei già il loro punto di riferimento. Sei già lo zero sulla loro linea.

Il sollievo? Non stai rientrando nella linea di riferimento di qualcun altro. L'amico di tuo figlio non sta pensando affatto a te. Il papà del suo amico è il SUO punto di riferimento. Tu esisti sulla sua linea da qualche parte, forse più avanti, forse più indietro, ma non sei il suo zero. Non sei il suo standard.

Smettetela di cercare di competere con altri genitori o partner. Non sei in quella gara. Sei già il punto di riferimento di qualcuno. E lui non ti sta valutando rispetto a tutti gli altri — sta misurando tutti gli altri rispetto a te.

Questa non è pressione. È liberazione.

Diciamo che qualcuno ha «ragione» quando è d'accordo con noi

Hai mai notato come le persone che la pensano come te siano «razionali» e «logiche», mentre chi non è d'accordo con te sia «illuso» o «ingenuo»? Non è perché tu abbia accesso alla verità oggettiva. È perché stai misurando la loro opinione rispetto alla tua.

Quando qualcuno è d'accordo con te, il tuo cervello dice: «Sì, questa persona è correttamente allineata con la verità (che fatalità coincide con la mia posizione)». Quando qualcuno non è d'accordo, il tuo cervello dice: «Questa persona è allineata in modo errato con la verità (che è sempre la mia posizione)».

Non stai valutando il suo argomento in base ai suoi meriti. Stai valutando quanto si avvicini alle tue convinzioni preesistenti. E gli altri stanno facendo esattamente la stessa cosa con te.

Prendiamo le opinioni politiche, per esempio. Qualunque sia la tua fazione, l'altra parte non ha solo torto — ha torto in modo pericoloso. È illusa. Sta distruggendo il Paese. Come possono non vedere ciò che è così ovvio per te?

Ed ecco l'ironia: non ho nemmeno menzionato di quale Paese, di quali bandiere o di quale partito politico io stia parlando. Ma l'hai già proiettato sul tuo panorama politico, vero? Perché questo schema esiste ovunque. Ogni nazione pensa che la propria divisione politica sia unicamente tossica, unicamente frustrante, unicamente impossibile da colmare. «La nostra politica è a pezzi», diciamo tutti, come se avessimo inventato noi la polarizzazione.

Tutti pensiamo che la nostra situazione sia speciale. Ma il meccanismo è identico oltre i confini: stai misurando la posizione politica di tutti rispetto alla tua. Le persone che rispecchiano la tua posizione sono «informate». Quelle che non lo fanno hanno subito il «lavaggio del cervello». E loro stanno effettuando la stessa identica misurazione dal loro punto di riferimento.

Ricorda l'auto nello specchietto che manteneva la tua andatura? Hai sentito quella connessione perché guidava come te. Le persone che la pensano come te ti trasmettono la stessa sensazione — ti sembrano «nel giusto» perché corrispondono alla tua velocità, al tuo ritmo, al tuo punto di riferimento. Entrambi pensano di avere ragione. Entrambi pensano che l'altro abbia torto. Entrambi stai misurando dal tuo punto di riferimento e agite come se fosse universale.

Non lo è. È solo il tuo.

Tutto ciò che è misurabile è relativo

Quindi, se tutto è relativo alla tua posizione — l'intelligenza, il consenso, la percezione — che dire delle cose che riteniamo oggettive? Come la ricchezza? Come la bellezza?

Mettiamo alla prova il principio di relatività:

Chi è più ricco: un senzatetto con un centesimo in tasca e zero debiti, o una persona del ceto medio con 50.000 euro di debiti?

Oggettivamente, il senzatetto ha un patrimonio netto più elevato. Un centesimo è più di meno cinquantamila euro. Sulla carta, è «più ricco».

Ma non la pensiamo così, vero? Perché non stiamo misurando la ricchezza in modo oggettivo. La stiamo misurando rispetto alla posizione sociale, all'accesso alle risorse, alla qualità della vita, alla sicurezza. La persona del ceto medio ha dei debiti, certo, ma ha anche una casa, cibo, accesso alla sanità, prospettive di lavoro. Il senzatetto ha un centesimo e nessun posto dove dormire stasera.

Quindi, quando diciamo che qualcuno è «ricco» o «povero», non stiamo parlando di numeri. Stiamo parlando di come la sua situazione si confronti con la nostra aspettativa di normalità.

Se sei cresciuto in povertà, guadagnare 50.000 euro all'anno ti fa sentire ricco. Se sei cresciuto nell'agiatezza, guadagnare 50.000 euro sembra un fallimento. Stesso numero, sensazione completamente diversa, che dipende interamente da dove sei partito TU.

Essere ricchi è relativo. Lo è sempre stato.

Bellezza e attrazione

Lo stesso principio si applica alla bellezza. Sai cosa trovi attraente — ma da dove viene quello standard? In parte è biologico (siamo programmati per trovare attraenti certe cose — pelle morbida, simmetria, segni di salute), in parte è culturale (ciò a cui la tua società dà valore) e in parte è personale (ciò che ti sembra familiare, ciò che ti ricorda esperienze positive).

Ma ecco cosa la maggior parte delle persone non coglie: il tuo standard di bellezza si basa su di TE, sul tuo viso, sul tuo corpo.

Tu sei il tuo punto di riferimento per l'attrattiva. I lineamenti che hai diventano il parametro per ciò che ti sembra «giusto» e attraente.

Ecco perché le persone spesso scelgono partner che somigliano a loro. Non identici, ma simili. Strutture facciali simili, colori simili, proporzioni simili.

Non è una coincidenza. Sei inconsciamente attratti da persone che ti somigliano perché corrispondono al tuo standard interno di bellezza — che è stato costruito attorno ai tuoi lineamenti. Ti vedi allo specchio ogni giorno. Questi tratti diventano familiari, rassicuranti, «corretti». E quando vedi quei tratti riflessi in qualcun altro? Il tuo cervello li registra come attraenti.

Esiste un fenomeno per cui le coppie spesso sembrano avere legami di parentela, chiamato accoppiamento assortativo. Stessa corporatura generale. Tratti del viso simili. Colori simili. Non è perché sono stati insieme così a lungo da essersi trasformati l'uno nell'altro. È perché si sono scelti fin dall'inizio in base a una familiarità fisica.

Sei attratto dal tuo riflesso più di quanto ti renda conto.

Quando vedi qualcuno i cui lineamenti riecheggiano i tuoi — forma degli occhi simile, naso simile, linea della mascella simile — ti sembra «giusto». Corrisponde allo standard che hai costruito per tutta la vita guardando il tuo viso.

Questo non è narcisismo. È semplicemente il modo in cui funzionano i punti di riferimento. Tu sei il tuo punto zero per la bellezza, proprio come sei il tuo punto zero per l'intelligenza, la velocità e tutto il resto.

Lo stesso principio si estende agli animali domestici. Le persone scelgono cani che somigliano a loro. O che si comportano come loro. O entrambe le cose.

Non è sempre ovvio — non stai cercando deliberatamente un cane che abbia la tua faccia. Ma inconsciamente, sei attratto dal cane il cui aspetto o temperamento ti sembra familiare. Ti sembra... tu stessi.

Vedi un cane con il tuo livello di energia, la tua struttura facciale (proporzionalmente), i tuoi colori — e qualcosa scatta. Quel cane ti sembra «giusto». Quel cane corrisponde ai tuoi standard interni.

Ancora la relatività. Tu sei lo standard, e sei attratto da ciò che corrisponde a quello standard.

Quando non sei soddisfatto del tuo standard

Quindi cosa succede quando non ti piace il tuo punto di riferimento? Quando ti guarda allo specchio e vorresti avere un aspetto diverso?

È qui che entra in gioco la modificazione corporea. Chirurgia plastica, trapianti di capelli, impianti, lifting, addominoplastiche, iniezioni — tutti i modi in cui le persone cercano di cambiare la propria base di partenza.

E va benissimo così. Il tuo corpo, la tua scelta.

Ma c'è una domanda fondamentale a cui devi rispondere prima di procedere a una modifica: lo stai facendo per te o per qualcun altro?

Perché se lo fai per qualcun altro, non stai effettivamente cambiando il tuo corpo. Stai cambiando te stesso per soddisfare lo standard di qualcun altro. E questo non finisce mai bene.

Le trappole della modificazione

Vedi qualcuno di famoso con un look specifico. Hanno successo, sono attraenti, sono ovunque. E pensa: se avessi quell'aspetto, la mia vita sarebbe migliore.

Ma un momento.

Quella celebrità HA BISOGNO di quel look. La loro carriera dipende letteralmente dal mantenimento di quell'aspetto. Vengono pagati per apparire in quel modo. Hanno squadre di persone che li aiutano a mantenerlo. Stilisti, allenatori, nutrizionisti, chirurghi. Il loro lavoro è apparire così.

Il tuo lavoro no.

Non vieni pagati per somigliare a loro. Non hai il loro team. Non hai il loro reddito per mantenere quell'aspetto. E, cosa più importante, non hai la loro specifica carriera che richiede quello specifico look.

Quindi, se modifica il tuo corpo per somigliare a loro, ti stai facendo carico di tutti i costi e della manutenzione del loro aspetto professionale... senza alcuno dei vantaggi professionali.

Stai facendo il cosplay dei requisiti professionali di qualcun altro nella tua vita normale.

E per quanto riguarda il soddisfare lo standard di qualcun altro?

Forse stai pensando: «Ma se cambio questa singola cosa del mio aspetto, finalmente attirerò il tipo di persona che desidero».

Fermati.

Se qualcuno non è attratto da te prima della modifica, ma lo è dopo... da cosa è effettivamente attratto?

Dalla modifica. Non da te.

Sono attratti da ciò che sei diventato per loro. Sono attratti dal fatto che ti sii piegati per soddisfare il loro standard.

E ora sei intrappolato in una relazione in cui le fondamenta sono: ti sei modificato per essere accettabili per loro.

Pensa a cosa significhi a lungo termine. Se il tuo corpo cambia naturalmente — invecchiamento, fluttuazioni di peso, la vita che accade — ne saranno ancora attratti? O vorranno che ti modifichi di nuovo per stare al passo con il loro standard? O cercheranno qualcun altro con quelle caratteristiche?

Hai addestrato qualcuno ad amare qualcosa di diverso da quello che sei realmente.

Pensa a cosa significhi: se qualcuno ti ama solo DOPO la modifica, non ama tu. Ama ciò che sei diventato per compiacerlo.

Amano il risultato artificiale. La versione alterata. Il tu che si è piegato per soddisfare il loro standard.

E ora sei bloccato. Perché se mai smetterai di mantenere quella modifica — se il tuo corpo cambia, se invecchi, se non riesci a mantenere l'aspetto — ti ameranno ancora? O la loro attrazione svanirà perché la cosa da cui erano effettivamente attratti è sparita?

Hai costruito una relazione sulle fondamenta di una modifica fisica per soddisfare lo standard di qualcun altro. Questo non è amore. Questa è una transazione.

Fatelo per te stessi, o non fatelo affatto

Modifica il tuo corpo se e solo se lo vuoi TU. Per le TUE ragioni. Perché TU vuoi sinceramente apparire diversi o sentirti diversi in un modo che serva alla tua vita.

Non per somigliare a qualcuno di famoso che ha bisogno di quell'aspetto per la sua carriera.

Non per attirare finalmente qualcuno che non era attratto dal vero tu.

Non per soddisfare lo standard di qualcun altro su come «dovresti» apparire.

Perché se lo fai per loro, non stai cambiando il tuo corpo — stai cambiando chi sei per ottenere una convalida esterna. E quella convalida non sarà mai abbastanza, perché in realtà non riguarda tu.

Il tuo corpo. La tua scelta. Le tue ragioni.

Non le loro.

Guarda, sono un forte sostenitore di questo perché l'ho fatto io stesso. Ho fatto un trapianto di capelli qualche mese fa (o «ricollocamento di capelli», come lo chiamo scherzosamente — stanno solo spostando i tuoi capelli da una parte all'altra della testa). L'ho fatto per correggere l'attaccatura che si stava ritirando, ed è andata benissimo. Mi sento una meraviglia.

Ma ecco la chiave: l'ho fatto per me. Non perché qualcuno avesse detto che avrei dovuto. Non per somigliare a qualcun altro. L'ho fatto perché volevo.

Questa è l'unica ragione che conta.

E se scomparissero tutti?

Ecco un esperimento mentale che mette in luce quanto sia assurdo il confronto esterno:

Immagina che tutti gli altri sulla Terra svanissero da un giorno all'altro. Pandemia, apocalisse, rapimento mistico — non importa. Sei l'unica persona rimasta.

Improvvisamente, sei la persona più intelligente del mondo. E la più sciocca. Sei la più ricca e la più povera. La più attraente e la meno attraente. La più veloce e la più lenta.

Tutte le classifiche spariscono perché non è rimasto nessuno con cui confrontarsi.

Ti importerebbe ancora di essere «i migliori»?

Se sei l'unica persona viva, importa che non possa correre veloci come qualcuno che non esiste più? Importa che non sii intelligenti quanto le persone che se ne sono vai? Importa che non abbia tanti soldi quanto le persone che non sono lì per averne?

Certamente no.

E allora perché conta adesso?

Le altre persone sono comunque effettivamente invisibili rispetto ai tuoi progressi quotidiani reali. La loro esistenza non cambia le tue capacità. I loro risultati non sminuiscono la tua crescita.

Stai gareggiando in una corsa dove gli altri corridori non sapranno nemmeno che sei in pista. E vincere quella corsa non cambia il tuo contachilometri — nutre solo il tuo ego.

Confrontati con te stessi. Il tu di ieri è l'unica persona che ha avuto esattamente le tue circostanze, le tue risorse, le tue sfide. Il tu di ieri è l'unica persona rispetto alla quale puoi effettivamente misurare i tuoi progressi, perché disponi di dati completi.

Sei andato avanti rispetto a dove eri ieri? Sì? Allora stai progredendo. Sei rimasto fermi o sei tornato indietro? Allora hai informazioni su cosa correggere.

Tutto qui. Questo è l'intero sistema di misurazione.

I progressi di chiunque altro sono irrilevanti per i tuoi. Non conosci il loro punto di partenza. Non conosci i loro vantaggi o svantaggi. Non sai nemmeno cosa significhi «avanti» per il loro percorso unico.

Ma conosci il tuo. Sai dov'eri ieri. Sai dove sei oggi. Sai se ti stai muovendo nella direzione in cui vuoi effettivamente andare. Questa è l'unica misurazione che conta.

Einstein intuì che lo spazio e il tempo sono relativi — cambiano a seconda della propria posizione e velocità. Non esiste un sistema di riferimento assoluto. Tutto viene misurato in relazione all'osservatore. Due persone che viaggiano a velocità diverse percepiscono il tempo in modo diverso. Nessuna delle due ha «torto». Entrambe hanno ragione nel proprio sistema di riferimento.

Non esiste uno standard assoluto per il successo, l'intelligenza, la bellezza o il progresso. Esiste solo il tuo sistema di riferimento e i sistemi di riferimento di tutti gli altri.

Smetti di cercare di saltare nel sistema di qualcun altro e di misurarti con le loro coordinate. Non puoi farlo. Misurerai sempre a partire da dove ti trovi TU.

Quindi, misuri i tuoi progressi rispetto alla tua posizione. Le coordinate di ieri confronta con le coordinate di oggi.

Il tuo contachilometri è solo tuo

Ricorda: il tuo contachilometri misura la distanza percorsa, non la velocità raggiunta. Misura l'esperienza cumulativa, non la posizione in classifica.

I contachilometri di alcune persone segnano numeri più alti perché guidano da più tempo. Altri segnano numeri più bassi perché hanno iniziato più tardi. Alcuni hanno percorso la stessa distanza ma su strade completamente diverse.

Nulla di tutto ciò cambia il TUO chilometraggio.

Potresti essere a 10.000 miglia o a 100.000 miglia — l'unica cosa che conta è se il numero di oggi è superiore a quello di ieri.

Ti stai muovendo in avanti sul tuo percorso? Questo è successo.

Stai guidando a un'andatura che funziona per la strada su cui ti trovi? Questo è progresso.

Stai confrontando il tuo contachilometri con la tua lettura precedente invece che con quella di qualcun altro? Questa è saggezza.

Non c'è esame che valuti se il tuo chilometraggio corrisponda alla tabella di marcia prevista di qualcun altro.

Ci sono solo il tuo contachilometri, il tuo percorso e la scelta di continuare ad andare avanti.

Capitolo 7

IL LORO VIAGGIO, IL TUO RICORDO

Guarda nello specchietto, guarda la strada dietro di te. Tutte quelle miglia che hai percorso: le uscite che hai preso, le aree di sosta, i tratti di autostrada, le città che hai attraversato.

Cosa ricordi TE effettivamente?

Forse un tramonto particolare. Forse quella volta che ti sei sorpreso sotto un acquazzone. Forse la playlist che hai ascoltato a ripetizione per cinquecento chilometri.

Ora chiedi alla persona che sedeva al tuo fianco cosa ricorda di quello stesso viaggio.

Dettagli completamente diversi. Momenti diversi. Punti salienti diversi.

Stessa strada. Stessa auto. Stessi chilometri percorsi. Ricordi totalmente diversi.

Vuoi creare dei ricordi

Pianifichiamo continuamente delle esperienze con lo scopo specifico di creare dei ricordi.

L'itinerario perfetto per le vacanze. La deviazione panoramica. La sosta in quel ristorante speciale. La destinazione a sorpresa. Orchestriamo attentamente ogni dettaglio perché vogliamo che le persone insieme a noi ricordino questo viaggio per sempre. Cerchiamo costantemente consigli per un viaggio on-the-road: l'itinerario ideale, le tappe imperdibili, il tempismo ottimale.

Perché? Perché pensiamo che ci sia un esame. Pensiamo di venire giudicati su quanto siamo stati bravi come padroni di casa, su quanto bene abbiamo facilitato l'esperienza, se abbiamo creato il ricordo «perfetto» per loro.

E pensiamo che se lo pianifichiamo abbastanza bene, se becchiamo tutte le tappe giuste, se cronometriamo tutto alla perfezione, potremo creare il ricordo che vogliamo che loro abbiano.

La realtà? Il controllo a volte può essere un'illusione. Tu controlli il percorso. Controlli le soste. Controlli i tempi.

Ma... non controlli il modo in cui l'altra persona vivrà tutto questo.

Stai persino pianificando in base a come pensi che lo vivresti tu, mettendoti nei loro panni. Ma questo funziona solo per te in relazione alle tue esperienze, al tuo punto di riferimento. Loro hanno il proprio. Ciò che entusiasma te potrebbe annoiare loro. Ciò che tu troveresti significativo potrebbe non essere affatto registrato da loro.

Tuo figlio potrebbe ricordare il belvedere panoramico per il quale hai guidato due ore fuori strada. Oppure potrebbe ricordare il litigio per il gelato avvenuto prima di arrivare al belvedere.

Il tuo partner potrebbe ricordare la destinazione a sorpresa. Oppure potrebbe ricordarsi di quanto tu fossi stressato per le indicazioni stradali durante tutto il tragitto.

Il tuo amico potrebbe ricordare il tempismo perfetto dell'arrivo al tramonto. Oppure potrebbe ricordare di aver avuto bisogno del bagno nell'ultima ora e di essere stato troppo a disagio per godersi il panorama.

Cosa ricordano davvero? Ricordano ciò che ha catturato la loro attenzione, ciò che contava per loro in quel momento, ciò che il loro cervello ha deciso che valesse la pena conservare. Spesso qualcosa che non hai nemmeno notato: un cartellone pubblicitario strano, una canzone alla radio, il modo in cui la luce colpiva il cruscotto. A volte qualcosa che vorresti dimenticassero: la svolta sbagliata, il ristorante chiuso, la discussione sul GPS.

Tu hai pianificato l'esperienza. Loro hanno costruito il ricordo. E ciò che hanno costruito potrebbe non avere nulla a che fare con ciò che avevi pianificato.

I fratelli ricordano sempre viaggi diversi

Chiedi a dei fratelli di un viaggio di famiglia fatto tutti insieme.

L'ho fatto io stesso. Mia sorella lo ricorda in un modo. Io lo ricordavo in modo completamente diverso. Stessa auto. Stessi genitori. Stesso percorso. Stesse soste. Erano tutti presenti.

Chiedi loro e ascolta le loro storie.

Uno lo ricorda come il miglior viaggio di sempre: ridere sul sedile posteriore, fare giochi in auto, mangiare snack, sentirsi emozionati per la destinazione. Un altro ricorda di essere stato annoiato e irrequieto, bloccato nel sedile centrale, a chiedere costantemente: «Siamo arrivati?» e sentirsi dire di stare zitto. Un altro ricorda a malapena il viaggio: aveva un libro e ha letto per tutto il tempo, isolandosi da tutto il resto.

Chi ha ragione?

Tutti loro. E nessuno di loro.

La memoria non è una videocamera che registra la verità oggettiva. La memoria è una ricostruzione. Il tuo cervello prende frammenti — immagini, emozioni, sensazioni — e costruisce una storia a partire da essi ogni volta che ricordi. E la storia cambia a seconda del significato di cui hai bisogno proprio adesso.

Il fratello che ricorda il viaggio come fantastico potrebbe essere stato di ottimo umore quel giorno, o forse aveva un disperato bisogno di un bel ricordo di famiglia e il suo cervello gliene ha fornito uno. Il fratello annoiato potrebbe aver attraversato un momento difficile quella settimana, e il viaggio in auto è diventato un'altra cosa da sopportare. Il fratello che leggeva ha trovato la sua via di fuga, ed era ciò di cui aveva bisogno.

Stessa esperienza. Tre ricordi completamente distinti. Tutti reali. Tutti veri per la persona che li possiede.

Come tendiamo a pianificare il futuro

La pianificazione ha un limite intrinseco: pianifichiamo sempre con ciò che abbiamo in mente in questo momento. Le nostre esperienze. Il nostro punto di riferimento. La nostra comprensione attuale.

Pensiamo di elaborare uno scenario futuro, immaginando cosa conterà, cosa funzionerà, cosa sarà significativo tra anni. Ma se allarghiamo lo sguardo su questo concetto, ci rendiamo conto che stiamo solo usando la nostra mentalità attuale e la nostra comprensione di ciò che è fattibile ora.

Non possiamo davvero immaginare il futuro. Possiamo solo immaginare una versione migliorata del presente.

Seguimi per un secondo: sto per allargare di molto la prospettiva.

Parliamo di come progettiamo le auto. In questo momento, stiamo costruendo una tecnologia per far sì che le nostre auto attuali si guidino da sole. I veicoli Waymo sono «auto normali» con volanti, solo controllati da computer invece che da mani umane. Waymo appartiene a Google e sono auto guida automaticamente da telecamere.

Questa è la nostra «visione del futuro» che utilizza la base di partenza di oggi. Abbiamo auto con volanti, quindi aggiungiamo telecamere che monitorano ogni dettaglio circostante, calcolano rischi e percorsi nei loro sistemi intelligenti in modo che possano usare quei volanti per guidarsi da sole senza bisogno di una persona al posto di guida.

Ma il futuro effettivo? Potrebbe non avere affatto i volanti. L'auto sarà progettata da zero per muoversi in modo autonomo. Niente volante. Niente pedali. Niente comandi per un conducente umano che non è necessario.

Non riusciamo ancora a immaginare quell'auto perché stiamo ancora pensando all'«auto con un guidatore robot» invece che all'«auto come robot».

La nostra idea «futuristica» è solo la nostra realtà attuale, leggermente aggiornata. Il futuro reale avrà una base di partenza completamente diversa che non riusciamo ancora a immaginare perché non la possediamo oggi.

Se oggi costruiamo robot umanoidi, immaginiamo che il futuro tra vent'anni avrà... robot umanoidi migliori. Sono ciò che possiamo immaginare in questo momento.

Il futuro reale tra vent'anni? Forse saranno robot grandi come animali domestici o minions tascabili per la tua scrivania. Cose che non possiamo ancora visualizzare perché non stiamo pensando in quei termini oggi. Saremo proiettati verso qualunque cosa verrà dopo, non guarderemo indietro a «quei robot umanoidi di vent'anni fa».

Quindi ciò che chiamiamo «immaginare il futuro» è in realtà solo immaginare come il nostro presente attuale potrebbe essere migliore. È filosofico, ma pensaci: se hai già un'«idea futuristica», quell'idea esiste oggi. La possiedi. Puoi costruirla ora con la tecnologia e la mentalità di oggi.

È impossibile concepire un'idea che appartiene a dieci anni nel futuro perché non sappiamo cosa avremo per allora.

Nel 2005 sarebbe stato impossibile immaginare un'app basata sul tocco per i telefoni cellulari. Non perché le persone non fossero abbastanza creative, ma perché l'iPhone non esisteva ancora. I nostri pensieri non potevano includere l'«interfaccia tattile» come base di partenza. Non faceva parte del nostro contesto presente.

Nel 2015, prova a immaginare immagini e video generati dall'IA. Non potevi, perché l'IA generativa non aveva ancora cambiato il modo in cui pensiamo alla creazione di contenuti. Non faceva parte del presente su cui stavamo costruendo.

La stessa cosa vale per le auto. In questo momento stiamo costruendo robot per guidare le nostre auto esistenti. Questa è la nostra «visione del futuro»: prendere ciò che abbiamo (auto con volanti) e renderlo migliore (lasciare che i computer usino quei comandi).

Il futuro reale non è il nostro presente aggiornato. È qualcosa costruito su una fondamenta completamente diversa a cui non abbiamo ancora accesso. Ecco perché oggi ci viene persino da ridere quando vediamo video motoristici futuristici delle persone degli anni '50 e '60.

Cosa significa questo per la creazione di ricordi

Quindi, quando ti stressi per creare i ricordi giusti per i tuoi figli, o pianifichi il viaggio perfetto per l'anniversario con il tuo partner, o cerchi di regalare ai tuoi genitori anziani un'ultima grande vacanza, comprendi questo:

Stai immaginando cosa ricorderanno usando il contesto di oggi. Ciò che pensi sia importante ora. Ciò che credi sarà significativo sulla base della tua comprensione attuale.

Ma quando ricorderanno questo viaggio tra dieci anni? Avranno contesti diversi. Priorità diverse. Bisogni diversi da quel ricordo.

Non puoi prevedere cosa conterà per loro perché non sai chi saranno quando si troveranno a ricordare.

Forse il percorso panoramico attentamente pianificato diventerà il loro ricordo preferito. Forse sarà la stazione di servizio a caso dove hai comprato loro una barretta di cioccolato che imploravano da tutto il giorno. Forse sarà solo il modo in cui hai detto «ciao amico» quando sono saliti in macchina. Forse sarà qualcosa che non ricordi nemmeno sia successo.

Stai pianificando con la mappa di oggi, cercando di prevedere ciò che il loro «io futuro» apprezzerà. Ma non hai ancora la loro mappa del futuro.

E questo vale per tutto ciò che pianifichi, non solo per i viaggi. Quando pianifichi un matrimonio, una festa di compleanno, un anniversario: non stai creando lo stesso evento perfetto per tutti. Stai facilitando un evento che scatenerà emozioni e, auspicabilmente, ricordi per tutti i presenti (incluso te!).

Pensa a te stesso come a un «facilitatore di emozioni». Stai creando l'ambiente in cui le persone possono vivere i propri sentimenti, i propri momenti, i propri potenziali ricordi. Se vuoi cambiare le cose, forse dovresti provare dall'interno: cambiare l'ambiente che controlli, non i ricordi che loro costruiranno.

Prepari l'atmosfera, scegli il cibo, disponi le luci, selezioni la musica, crei l'ambiente completo. Questo è il tuo obiettivo. Questo è ciò che puoi controllare.

Tutti parteciperanno a una festa diversa. Ciò che commuove una persona ne annoierà un'altra. Ciò che un ospite ricorda come il momento clou della serata, un altro non lo noterà nemmeno. E questo dovrebbe essere previsto.

Tutto quello che puoi fare è guidare. Sii presente nel viaggio. Crea l'ambiente. Ma questo funziona solo se anche tu lasci la presa. Abbi fiducia che troveranno ciò di cui hanno bisogno dall'esperienza.

Il tuo ricordo, il loro ricordo, il ricordo di tutti

I ricordi sono personali ed esistono per quella persona per una ragione. Hanno uno scopo, il modo in cui sono elaborati nella mente di quella persona, non necessariamente il modo fattuale. Non sono registrazioni oggettive di ciò che è accaduto. Sono ricostruzioni soggettive costruite da frammenti ogni volta che qualcuno ti accede.

Non puoi controllare ciò che le altre persone ricordano delle esperienze che condividi. Non puoi costringerle a ricordare la tua versione. Non puoi creare i loro ricordi per loro, non importa quanto perfettamente pianifichi il percorso.

Sei tutti al sicuro in quella macchina insieme. Tutto quello che puoi fare è guidare. Sii presente per quanto il tuo cervello te lo permetta (che, ricorda, è comunque sempre un po' nel futuro). Fai il viaggio. Confida che ogni passeggero prenderà da esso ciò di cui ha bisogno.

E quando il loro ricordo contraddice il tuo? Lascia che accada. La loro versione è reale per loro proprio come la tua versione è reale per te. Nessuna delle due è più «corretta».

Smetti di cercare di orchestrare ricordi perfetti. Smetti di stressarti sul fatto che tu stia dando o meno alle persone le esperienze che apprezzeranno in seguito. Smetti di verificare i fatti dei ricordi che hai già.

Limiti a guidare.

Non vieni giudicato sul fatto che tutti ricordino lo stesso viaggio allo stesso modo. Non vieni giudicato sul fatto che i ricordi che hai cercato di creare corrispondano ai ricordi che si sono effettivamente formati.

Non c'è esame per misurare se hai creato i ricordi «giusti».

C'è solo il cammino. E qualunque cosa ogni passeggero costruisca a partire da esso.

Quel ricordo spetta a loro costruirlo. Non spetta a te controllarlo.

Capitolo 8

IL TUO CONTACHILOMETRI, I TUOI CHILOMETRI

Su questo tratto di autostrada noterai qualcosa di interessante: esistono più percorsi per raggiungere la stessa area generale. Alcuni conducenti scelgono la statale: dritta, veloce, efficiente. Altri scelgono il percorso panoramico: tortuoso, più lento, più interessante. Alcuni prendono stradine secondarie che attraversano piccoli centri abitati. Altri si tengono sulle strade a pedaggio per evitare il traffico.

Funzionano tutti.

Non esiste un percorso oggettivamente «corretto». Esiste solo il percorso che ha senso per le tue priorità, il tuo veicolo, la tua tempistica, le tue preferenze.

Eppure ci hanno insegnato a misurare il «successo» come se esistesse un'unica strada valida: la più veloce. La più diretta. Quella che ti fa arrivare lì prima di chiunque altro.

Solo che... dov'è questo «successo»? E perché arrivare per primi è così importante se hai odiato l'intero viaggio?

Il successo personale consiste nel battere l'incertezza

Cosa stai cercando di ottenere in realtà quando inseguite il tuo personale «successo»? Stai cercando di sconfiggere l'incertezza.

Pensateci. Perché vuoi i soldi? Per ridurre l'incertezza sul poter pagare l'affitto, comprare cibo, gestire le emergenze. Perché vuoi un lavoro stabile? Per ridurre l'incertezza sulla provenienza del prossimo stipendio. Perché vuoi buone relazioni? Per ridurre l'incertezza di ritrovarti soli, non amati, non sostenuti.

Il successo personale non consiste nell'avere più degli altri. Consiste nell'avere abbastanza per sentirsi sicuri nella propria vita.

Tutti desiderano il benessere. Tutti vogliono ridurre l'ansia che deriva dal non sapere se i propri bisogni primari saranno soddisfatti. Ma la quantità di benessere necessaria per sentirsi sicuri è relativa al TUO parametro di riferimento, non a quello di qualcun altro.

Qualcuno cresciuto con l'insicurezza alimentare potrebbe sentirsi di successo nel momento in cui ha una dispensa piena e tre mesi di affitto risparmiati. Qualcuno cresciuto nella ricchezza potrebbe non sentirsi di successo finché non possiede una casa per le vacanze e una pensione completamente finanziata.

Stessa parola — successo — destinazioni completamente diverse. Nessuna delle due è sbagliata. Stanno solo operando da punti di partenza diversi con soglie di incertezza diverse.

Non stai cercando di battere gli altri piloti. Stai cercando di battere la tua incertezza riguardo al fatto che te la caverai.

La strada panoramica contro l'autostrada

Diciamo che stai guidando dalla città verso il mare. Hai delle opzioni:

Percorso 1: Autostrada

Diretto, veloce, noioso. Ti porta a destinazione in circa 6 ore. Nulla da vedere se non campi e aree di sosta. Efficiente, pratico, ottimizzato per la velocità.

Percorso 2: Strada Costiera

Tortuoso, più lento, mozzafiato. Ti porta a destinazione in più di 10 ore (anche di più se ti fermi). Viste sull'oceano, panorami sulle baie, scogliere, piccole città costiere, occasioni per scattare foto. Panoramico, memorabile, epico, ottimizzato per l'esperienza.

Quale percorso è quello di «successo»?

Se definite il successo come «arrivare il più velocemente possibile», l'autostrada è la via maestra. Se definite il successo come «godersi il viaggio», vince la strada costiera. Se definite il successo come «non soffrire il mal d'auto sulle strade tortuose», forse eviterai del tutto la costa.

Non esiste un parametro universale che dica che un percorso sia oggettivamente migliore. Esiste solo ciò che conta per TE in QUESTO viaggio.

Invece, guarda gli altri conducenti che prendono l'autostrada, li vedi arrivare prima di te e presumi di aver fallito perché hai preso una strada diversa. Misuri il tuo viaggio in base alla loro destinazione, alla loro tempistica, alle loro priorità.

È assurdo.

Il tuo percorso era diverso perché i tuoi obiettivi erano diversi. Non stavi cercando di arrivare il prima possibile — stavi cercando di vedere il mare. Non stavi cercando di ridurre al minimo il tempo di guida — stavi cercando di massimizzare l'esperienza.

Entrambi i percorsi finiscono in spiaggia. Entrambi i conducenti hanno «avuto successo» nell'arrivare a destinazione. Ma se hai passato l'intero viaggio costiero a stressarti perché non eri in autostrada, hai appena rovinato il tuo percorso misurandolo rispetto a quello di qualcun altro.

Qualità contro Quantità

Stai guidando e ti viene fame. Qualcuno con te sta cercando sul telefono dei ristoranti nelle vicinanze e trova due opzioni:

Ristorante A: 4,7 stelle su 4.937 recensioni

Ristorante B: 5,0 stelle su 54 recensioni

Qual è il migliore?

La maggior parte delle persone risponderebbe il Ristorante A. Hanno quasi 5.000 persone che hanno ritenuto l'esperienza degna di una recensione. Hanno servito esponenzialmente più clienti. Hanno scalato il mercato. Hanno raggiunto più persone. Proprio come quando si sceglie un prodotto su Amazon.

Ma il Ristorante B ha una valutazione perfetta. Ogni singola persona che lo ha recensito ha pensato che fosse impeccabile. Forse è un posticino minuscolo che può servire solo 20 persone a sera. Forse lo chef supervisiona personalmente ogni piatto. Forse si concentrano sulla creazione di un'esperienza perfetta alla volta invece di massimizzare il volume.

Il Ristorante B è peggiore perché meno persone lo conoscono? O migliore perché chiunque lo provi pensa che sia perfetto?

Non c'è una risposta oggettiva. Non c'è una risposta «giusta». Dipende interamente da cosa stai misurando.

Se misuri la portata e la scala — vince il Ristorante A. Se misuri la costanza e la qualità — vince il Ristorante B. Se misuri il fatturato — probabilmente il Ristorante A. Se misuri la soddisfazione del cliente — probabilmente il Ristorante B.

Il punto è: il parametro che scegli determina cosa significa «meglio». E ogni parametro è relativo (e, siamo onesti, arbitrario). Non esiste un tabellone segnapunti cosmico che dica: «Il Ristorante A è oggettivamente migliore». Esistono solo modi diversi di tenere il punteggio, e spetta a te scegliere quale conta per te.

Ma cosa succede? Non scegli. Lascia che gli altri scelgano per te. Lascia che la cultura ti dica che la scala equivale al successo, o che il denaro equivale al successo, o che la fama equivale al successo. E poi passi l'intera vita a ottimizzare un parametro che non hai mai desiderato veramente.

La trappola della competizione genitoriale

Scorri i social media durante il periodo delle pagelle. Vedi quanti genitori pubblicano post sull'albo d'onore, premi, traguardi.

«Mia figlia è di nuovo tra i migliori della classe!» «Orgogliosissimo di mio figlio!» «Tutti dieci!» «Corsi avanzati, stiamo arrivando!»

Ogni post sembra riguardare il bambino. Ma guarda più da vicino: riguarda il genitore. Il genitore sta competendo attraverso i successi del figlio. Il genitore usa i voti, le attività, i traguardi del bambino come prova di essere un genitore di «successo».

E non si tratta solo di voti. Sono le scarpe che indossano a scuola. Compra le scarpine Lacoste perché sai che sono di classe e segnalano che puoi permetterti la qualità — ma forse tuo figlio vorrebbe solo un paio di scarpe di Spider-Man di sottomarca. Per chi sono davvero quelle Lacoste?

Ciò che quel bambino assorbe è: «Il mio valore si basa su ciò che ottengo e su come appaio. Il mio valore è misurato da come rendo e come mi presento rispetto agli altri bambini».

Questo non è fare i genitori. Questo è inserire tuo figlio in una competizione a cui non si è iscritto per poter reclamare il trofeo quando vince.

E qui c'è la parte davvero contorta: i voti del bambino non ti rendono effettivamente un genitore migliore o peggiore. I punteggi dei suoi test non hanno nulla a che fare con il fatto che stia crescendo un essere umano gentile, resiliente e felice.

Sai cosa ti rende un buon genitore? Essere presenti. Ascoltare. Mostrare loro come gestire il fallimento. Fare una passeggiata con loro quando hanno bisogno di parlare. Insegnare loro che il proprio valore non è legato alla performance. Aiutarli a trovare il proprio percorso invece di forzarli sul tuo.

Ma non misuriamo l'essere genitori in questo modo, vero? Lo misuriamo confrontando i figli. «Mio figlio legge a un livello più alto del tuo» diventa un codice per dire «Sono un genitore migliore di te».

È la stessa trappola della competizione, solo con una posta in gioco più alta. E a pagarne il prezzo è il bambino.

Non fai i compiti al posto loro

Per coloro che competono attraverso i traguardi dei propri figli, ecco dove si arriva all'assurdo: ci sono genitori che fanno i compiti per i propri bambini.

Non sto parlando di aiutare. Sto parlando di farli. Scrivere i loro temi. Costruire i loro progetti di scienze. Risolvere i loro problemi di matematica.

Perché? Così il bambino prende un voto migliore. Così l'insegnante pensa che il bambino sia più intelligente. Così il bambino viene ammesso ai corsi avanzati. Così il genitore può postarlo sui social media.

Ma chi ha imparato qualcosa, in realtà? Non il bambino. Il bambino ha imparato che qualcun altro farà il lavoro se la posta in gioco è abbastanza alta. Il bambino ha imparato che la performance conta più dell'apprendimento. Il bambino ha imparato di non essere abbastanza capace da farcela da solo.

Hai appena sabotato l'istruzione di tuo figlio per vincere una competizione che non esiste.

Non c'è esame che valuti se tuo figlio è più intelligente del figlio di qualcun altro. Esiste solo la reale istruzione di tuo figlio, che hai appena minato insegnandogli a fingere competenza invece di costruire capacità reali.

Se tuo figlio fatica con i compiti e prende un'insufficienza, impara qualcosa di prezioso: questa materia è difficile per me e devo chiedere aiuto. Devo impegnarmi di più e devo capire dove mi confondo.

Se fai i compiti al posto suo e prende un dieci, non impara nulla, se non che la performance è più importante della crescita.

Quale risultato gli serve davvero di più nella vita?

La tua destinazione non è universale

(No, non parlo del parco. Gli Universal Studios sono in realtà una delle nostre mete preferisci.)

Il succo è questo: non esiste una destinazione universale verso la quale tutti dovrebbero dirigersi.

Alcune persone vogliono l'ufficio dirigenziale. Alcune persone vogliono lavorare da casa in pigiama. Alcune persone vogliono costruire un'impresa. Alcune persone vogliono stabilità e prevedibilità. Alcune persone vogliono avventura e rischio. Il tuo percorso è la tua avventura.

Nessuna di queste destinazioni è oggettivamente «di maggior successo» delle altre. Sono solo percorsi diversi con punti d'arrivo diversi che attirano piloti diversi.

Ma ci hanno insegnato a misurare il successo come se tutti dovessero guidare verso lo stesso posto. Come se esistesse un'unica destinazione corretta — solitamente definita dal denaro, dallo status o dalla visibilità — e chiunque finisca da qualche altra parte abbia fallito nel raggiungerla.

Non è così che funzionano i percorsi.

Tu stai percorrendo il TUO percorso verso la TUA destinazione in base alle TUE priorità. Il fatto che qualcun altro prenda un'autostrada completamente diversa non è la prova che ti sei perso. È solo che sta andando da un'altra parte.

L'uomo che è andato in pensione presto per girare il mondo non ha più successo della donna che ha costruito un'azienda e lavora 60 ore a settimana. Una madre casalinga ha lo stesso successo di una donna che ha fondato una società. La persona che guadagna 50.000 euro facendo un lavoro che ama non ha meno successo di quella che ne guadagna 200.000 facendo un lavoro che tollera appena.

Si trovano semplicemente su percorsi diversi con destinazioni diverse e idee diverse di ciò che conta.

Il successo non ha un parametro universale perché non esiste una destinazione universale.

La pressione a rendere

È difficile da interiorizzare perché ovunque si guardi, qualcuno sta cercando di venderti la propria definizione di successo.

L'università ti dice che successo significa una laurea in una scuola prestigiosa. L'azienda ti dice che successo significa scalare la gerarchia aziendale. I social media ti dicono che successo significa follower, like, interazioni. I tuoi compagni di classe ti dicono che successo significa stare al passo con il loro stile di vita.

In ogni direzione ti giri, qualcuno tiene in mano un tabellone segnapunti dicendovi che QUESTO parametro è quello che conta. QUESTA destinazione è dove dovresti dirigerti. QUESTO percorso è quello corretto.

E se non stai ottimizzando per il loro parametro, stai rimanendo indietro.

Tranne per il fatto che non stai rimanendo indietro. Semplicemente non sei nella loro gara.

Sei su un'altra strada, diretti verso una destinazione diversa, misurando i progressi in base a punti di riferimento diversi. Ed è esattamente ciò che dovresti fare — a patto che il percorso lo abbia scelto TU invece di lasciare che fossero tutti gli altri a sceglierlo per te.

Cosa vuoi TU?

La vera domanda è: cosa vuoi effettivamente?

Non ciò che i tuoi genitori vogliono per te. Non ciò che la società dice che dovresti volere. Non ciò che appare impressionante sui social media. Non ciò che i tuoi compagni di classe stanno inseguendo.

TU. Cosa vuoi TU?

Se il denaro non fosse una misura del successo, quale sarebbe? Se nessuno stesse guardando o giudicando, quale percorso prenderesti? Se non potessi confrontare il tuo viaggio con quello di nessun altro, quale destinazione sarebbe importante per te?

È difficile rispondere a queste domande perché sei stato addestrato a misurare il successo esternamente. Guarda ciò che hanno gli altri, ciò che hanno ottenuto, ciò che stanno facendo — e usa quello come definizione di successo.

Ma il loro percorso non è il tuo. La loro destinazione non è la tua. I loro parametri non sono i tuoi.

Devi capire cosa significa il successo per TE. Non per i tuoi genitori, non per la tua cultura, non per Instagram. Per te.

E poi devi guidare verso quella destinazione senza controllare costantemente lo specchietto retrovisore per vedere se stai tenendo il passo con le auto intorno a te.

Il che significa che probabilmente dovrai disimparare ciò che ti è stato detto.

Il contachilometri, non il tabellone segnapunti

Ricorda: il tuo contachilometri misura i TUOI chilometri percorsi sul TUO percorso. Non ti confronta con altri conducenti. Non ti classifica rispetto a tutti gli altri. Mostra solo quanta strada hai fatto da dove sei partito.

Quindi 10.000 chilometri verso una destinazione che hai scelto davvero sono più gratificanti di 50.000 chilometri verso una destinazione che tutti gli altri hanno scelto per te.

Non puoi fallire secondo la definizione di successo di qualcun altro. Puoi solo fallire nel perseguire la tua.

Quindi smettetela di misurare il tuo viaggio con il loro tabellone segnapunti. Smettetela di confrontare la tua strada panoramica con la loro autostrada. Smettetela di pensare di essere in ritardo solo perché loro sono arrivati da qualche parte prima di te.

Loro sono arrivati alla loro destinazione. Tu sei ancora diretti verso la tua. Ed è esattamente così che dovrebbe essere.

Non c'è esame che valuti se hai scelto il percorso «giusto» o la destinazione «corretta».

Esiste solo il tuo viaggio, le tue scelte e il fatto che stia effettivamente guidando verso qualcosa che conta per te.

AREA DI SOSTA

Allontanarsi dalla strada per disimparare le vecchie abitudini di guida.

Capitolo 9

SMETTI DI GUARDARE LE ALTRE CORSIE

Molto presto nel viaggio, qualcuno ti ha detto: «Devi andare più veloce. Devi essere più rapido, migliore, il primo». E tu gli hai creduto perché lo facevano tutti gli altri.

Ora ti trovi in un'area di sosta. Parte quattro del viaggio. Le tappe del disimparare.

Questo è il momento in cui puoi accostare, aprire il bagagliaio e chiederti: «Cosa mi sono portato dietro finora? Ne ho ancora bisogno?».

Iniziamo da qualcosa che hai trasportato per chilometri: la convinzione di dover competere.

La competizione viene insegnata ovunque

Pensaci. Ogni cosa nella vita ti ha addestrato a competere.

La scuola ti dava i voti confrontandoti con i compagni di classe. Lo sport posizionava la tua squadra in classifica contro le altre. Il lavoro misurava le tue prestazioni su una curva. Persino l'intrattenimento — le cose che fai per rilassarti — è diventato competizione.

I videogiochi mostrano classifiche. I social media contano i like. Le app di fitness confrontano i tuoi passi con quelli di tutti gli altri.

Non puoi nemmeno giocare a Candy Crush senza vedere che Susan è al livello 389 mentre tu sei al 307. A quel punto non ti godi più il gioco. Stai cercando di recuperare.

Per arrivare a cosa? Per quale scopo?

Se batti Susan e arrivi al livello 401, cosa vinci? Niente. Né soldi, né status, e nemmeno il rispetto di Susan, perché probabilmente lei non ti sta proprio pensando. Vinci la consapevolezza di essere più avanti in un tabellone segnapunti che esiste solo nella tua testa.

Questo schema non è iniziato con i videogiochi. L'hai imparato molto tempo fa nella tua città natale, probabilmente prima ancora di saper guidare. Hai imparato che essere primi conta. Vincere è tutto. Restare indietro significa che stai perdendo.

E ti sei trascinato dietro questa convinzione da allora — per centinaia di chilometri lungo l'autostrada, attraverso decine di città, in territori completamente sconosciuti.

Forse è tempo di accostare e chiedersi: ne hai ancora bisogno?

Benvenuto nell'area di sosta

Guidi da un pezzo ormai. Hai lasciato la tua città natale. Ti sei immesso in autostrada. Hai visto come tutto sia relativo, come i ricordi appartengano agli altri, come il successo non abbia un parametro universale.

Hai imparato molto su ciò che ti stava appesantendo.

Ora arriva la parte in cui puoi finalmente posare un po' di quel carico.

Non perché tu abbia sbagliato a portarlo. Non perché avresti dovuto agire diversamente. Ma perché ti è permesso viaggiare più leggero. Ti è permesso guardare ciò che avevi messo in valigia nella tua città natale e dire: «Questo non mi serve più».

La competizione è una di quelle cose.

Ti è stato detto che la competizione era necessaria. Che è così che si sopravvive, come si ha successo, come si dimostra di valere qualcosa. Tutti nella tua città natale ci credevano. I tuoi genitori ci credevano. I tuoi insegnanti ci credevano. I tuoi amici ci credevano. E così ci hai creduto anche tu.

E laggiù aveva senso. In quel contesto. In quella città dove tutti si misuravano con gli altri, dove ogni traguardo era una posizione in classifica, dove ogni successo era relativo al fallimento di qualcun altro.

Ma tu non sei più in quella città.

Guarda nello specchietto retrovisore. Quel posto è chilometri dietro di te. Eppure guidi ancora come se stessi percorrendo quelle vecchie strade, competi ancora come se fossi in quella vecchia gara, porti ancora con te quella pesante convinzione di dover battere chiunque ti circondi per avere valore.

Non è così.

Ora puoi lasciarlo andare.

La valigia che hai trasportato

Pensa alla competizione come a una valigia che qualcuno ti ha consegnato quando sei uscito di casa. «Ti servirà per il viaggio», ti hanno detto. E tu ci hai creduto perché tutti gli altri ne avevano una.

Ma ora sei in un'area di sosta. Puoi aprire quella valigia. Guarda cosa c'è dentro davvero.

Magari trovi: la convinzione che essere primo significhi essere degno. L'ansia di restare indietro. La stanchezza di gareggiare con chiunque ti stia intorno. L'abitudine di misurare la tua gioia sulla base della delusione di qualcun altro. La paura che, se non competi, ti stai arrendendo.

Beh, eccola lì. Nulla di tutto ciò sta migliorando la tua guida. Nulla di tutto ciò ti sta aiutando a goderti il percorso. Nulla di tutto ciò è necessario per la tua destinazione.

Allora perché continuare a portarlo?

Non perché tu sia cattivo per averlo avuto. Non perché avresti dovuto mollarlo prima. Però puoi scegliere cosa portare con te nella prossima città. E la competizione? Quella può restare all'area di sosta.

Ma che ne è dell'ambizione?

Quindi, cosa stai pensando? «Se smetto di competere, non perderò la mia grinta? Non resterò indietro? Non smetterò di preoccuparmi di migliorare?».

No.

Disimparare la competizione non significa smettere di provarci. Non significa smettere di crescere. Non significa smettere di avere obiettivi.

Significa smettere di misurare la tua crescita in base a quante persone hai sorpassato. Significa smettere di definire il successo a seconda che tu sia davanti o dietro. Significa smettere di permettere che i viaggi degli altri determinino il valore del tuo.

Vorrai comunque migliorare. Ma migliorerai perché vuoi vedere fin dove puoi arrivare, non perché devi dimostrare di essere migliore di qualcun altro.

Fisserai comunque degli obiettivi. Ma saranno i tuoi obiettivi, basati sulla tua destinazione, non sull'idea di qualcun altro di dove dovresti essere a questo punto.

Lavorerai comunque sodo. Ma lavorerai per qualcosa che conta davvero per te, non per restare in testa a una gara alla quale non ti sei mai iscritto.

La differenza è questa: ti godrai il viaggio.

Cosa significa «disimparare»

Non è un atto drammatico. Non è un singolo istante in cui tutto va a posto e improvvisamente sei libero.

Significa accostare in aree di sosta come questa e chiedersi: «Cosa mi porto ancora dietro dalla mia città natale? Mi serve per dove sto andando?».

Significa accorgersi di quando si sta gareggiando e scegliere invece di guidare.

Significa sorprendersi a fare paragoni e cambiare rotta: «Quello è il loro percorso, non il mio».

Significa vedere tuo figlio in difficoltà — con i compiti, con le amicizie, con i fallimenti — e lasciargli trovare la strada. Non perché non ti importi, ma perché ti importa abbastanza da permettergli di costruire le proprie capacità. Non si tratta di controllo. È un rapporto basato sul rispetto.

Lascia che abbia il suo viaggio. Lascia che abbia successo ai suoi termini. Lascia che fallisca e che scopra di potersi rialzare. Questa è la vita. È così che funziona il viaggio.

I suoi voti non ti rendono un genitore migliore. I suoi traguardi non convalidano le tue scelte. Le sue prestazioni non determinano il tuo valore.

Tu sei il suo genitore, non il suo addetto ai punteggi. E la parte più bella? Quando smetti di competere attraverso di loro, loro possono smettere di competere per te. Possono semplicemente essere dei bambini che cercano di capire il proprio percorso.

Questo non significa rinunciare a loro. Significa dare loro lo spazio per guidare da soli.

Il sentiero su cui ti trovi ora

L'autostrada su cui ti trovi ora non funziona come la tua città natale. Qui le regole sono diverse. Qui le priorità sono diverse. Ciò che contava laggiù non deve necessariamente contare qui.

Laggiù, tutti gareggiavano. Tutti facevano paragoni. Tutti misuravano il proprio valore in base alla posizione in classifica. Era semplicemente così che si viveva.

Ma ora sei in un territorio nuovo. Sei passato per città diverse. Hai visto modi diversi di guidare. Hai imparato che non tutti definiscono il successo allo stesso modo, che non tutti sono diretti alla stessa destinazione, che non tutti stanno correndo.

Alcune persone stanno semplicemente guidando. Si godono il percorso. Si fermano quando vogliono. Vanno al proprio ritmo.

E sembrano... più leggeri. Meno stressati. Più presenti.

Forse è perché hanno scaricato la competizione da qualche parte lungo la strada. Forse si sono fermati in un'area di sosta come questa e hanno detto: «Non ho bisogno di portarmi dietro questo peso».

Puoi farlo anche tu. E se temi di non riuscire a cavartela senza la competizione, non preoccuparti. Il tuo percorso troverà la sua strada.

Non ti stai arrendendo

La parte più difficile del disimparare la competizione è che sembra di darsi per vinti.

Se smetti di gareggiare con chiunque ti circondi, ti stai arrendendo? Se smetti di paragonare il tuo percorso a quello di tutti gli altri, ti stai accontentando? Se smetti di misurare il tuo valore in base alla classifica, stai perdendo l'ambizione?

No.

Stai solo scegliendo di definire il progresso in modo diverso. Stai scegliendo di misurare la crescita secondo i tuoi standard invece che sulla base del segnapunti di qualcun altro. Stai scegliendo di goderti le città che attraversi invece di sfrecciare via per restare in testa.

Questo non è arrendersi. È svegliarsi.

Hai passato chilometri — forse anni — a gareggiare con persone che non sono nemmeno dirette alla tua stessa destinazione. Paragonandoti a guidatori su percorsi completamente diversi. Stressandoti per essere avanti o indietro in una competizione che esiste solo nella tua testa.

E se tu... semplicemente smettessi?

E se guidassi a un'andatura che senti giusta per te? E se ti godessi il paesaggio invece di fissare le auto intorno a te? E se misurassi la tua giornata in base al fatto di essere andato avanti, e non se hai sorpassato qualcun altro?

Arriveresti comunque dove sei diretto. Solo che ti godresti molto di più il viaggio.

La prossima città non richiede competizione

Guarda avanti. Vedi quella prossima città all'orizzonte?

Non hai bisogno della competizione per arrivarci. Non ne hai mai avuto bisogno.

La competizione è qualcosa che la tua città natale ti ha insegnato. Non è una legge dell'autostrada. Non è richiesta durante il viaggio. È solo un'abitudine che hai preso laggiù e che hai mantenuto perché lo facevano anche tutti gli altri.

Ma l'autostrada è lunga. Il percorso è tuo. E sei tu a decidere cosa portare con te.

Alcune cose della tua città natale vale la pena conservarle. Alcune lezioni, certi valori, alcune abitudini funzionano bene per te, migliorano la guida e ti aiutano a orientarti. Il passato è una lezione, non un progetto predefinito.

Ma la competizione? Quella è zavorra. È la cosa che ti mette ansia quando dovresti goderti il panorama. È la cosa che trasforma ogni tratto di autostrada in una gara che non puoi vincere.

Puoi lasciarla qui.

Senza vergogna. Senza rimpianto. Solo con la semplice consapevolezza: «Questo non mi serve per dove sono diretto».

Guidare in avanti

Quando lascerai questa area di sosta, vedrai ancora altre auto. Noterai ancora che alcune vanno più veloci, altre più lente. Questo non cambierà.

Ciò che cambia è cosa fai di quell'osservazione.

Invece di accelerare per sorpassarle, potresti semplicemente pensare: «Loro stanno andando da qualche parte. Io sto andando da qualche parte. Stiamo tutti viaggiando».

Invece di sentirti indietro, potresti pensare: «Sono esattamente dove devo essere sul mio percorso».

Invece di paragonare il tuo viaggio al loro, potresti pensare: «Chissà dove sono diretti».

Ecco come appare il disimparare la competizione. Non è eclatante. Non è perfetto. È solo l'abbandono graduale della convinzione che tu debba battere tutti quelli che ti circondano per avere importanza.

Tu conti perché sei nel tuo viaggio. Perché stai percorrendo il tuo itinerario. Perché sei qui, ti muovi in avanti, fai delle scelte, guidi la tua vita.

Non perché sei davanti a qualcuno. Non perché stai vincendo. Semplicemente perché sei tu, e il tuo viaggio ti appartiene.

Non c'è esame che valuti se hai tenuto il passo con il traffico.

C'è solo il tuo percorso, le tue scelte e la libertà di guidare senza gareggiare con chiunque ti stia intorno.

Benvenuto in questa area di sosta. Restaci finché ne hai bisogno. E quando sarai pronto, riprendi a guidare — più leggero di prima.

Capitolo 10

L'AUTOSTRADA APPARTIENE A TUTTI

Veicoli di ogni tipo e colore immaginabile condividono questa autostrada con te.

Berline e SUV. Ibride e auto elettriche. Auto a benzina, auto a gasolio. Motociclette che sfrecciano tra le corsie. Autoarticolati che trasportano merci. Camper che si muovono al proprio ritmo. Cambi manuali, cambi automatici, alcuni veicoli che non sapresti nemmeno classificare.

Motori diversi. Dimensioni diverse. Capacità diverse. Scopi diversi.

E tutti condividono la stessa autostrada.

La strada non ti chiede che tipo di motore abbia prima di farti entrare. Non richiede un tipo specifico di trasmissione. Non misura l'efficienza del carburante né giudica la tua scelta del veicolo. L'autostrada accoglie tutti perché l'autostrada capisce una cosa fondamentale: stiamo tutti solo cercando di arrivare da qualche parte.

Veicoli diversi. Stesso viaggio. Stesso diritto di viaggiare in sicurezza.

La valigia che non hai fatto tu

Alla tua ultima area di sosta, hai scaricato la competizione. Hai guardato quella pesante convinzione e hai detto: «Non ne ho più bisogno».

Ma c'è un'altra valigia nel tuo bagagliaio. Una che non hai nemmeno fatto tu. Una che è stata caricata prima ancora che iniziassi a guidare, nella tua città natale, prima che foste abbastanza grandi per chiederti se la volessi davvero.

Sull'etichetta c'è scritto «divisione».

Dentro ci troverai: la convinzione che alcuni veicoli abbiano più diritto di stare sull'autostrada rispetto ad altri. L'abitudine di classificare i conducenti in «noi» e «loro». Il presupposto che diverso significhi separato. L'idea che la diversità sia qualcosa da tollerare invece di qualcosa che semplicemente... è.

Nulla di tutto ciò è stata un'idea tua. L'hai ereditata. La tua città ve l'ha insegnato. La cultura circostante l'ha rafforzato. Te la porti dietro da così tanto tempo che potresti non accorgerti nemmeno della sua presenza.

Ma ora sei in un'altra area di sosta. Puoi aprire anche quella valigia.

La realtà di un'unica razza

Guarda ciò che le prove mostrano effettivamente riguardo agli individui: siamo un'unica razza. Siamo la razza umana.

Non metaforicamente. Non filosoficamente. Letteralmente.

Siamo tutti della stessa specie. Espressioni diverse dello stesso progetto originale. Verniciature differenti sullo stesso veicolo fondamentale.

Neil deGrasse rivolse una volta una versione di questo quesito cosmico: quando immaginiamo gli alieni, perché li raffiguriamo sempre con due braccia, due gambe, una testa sopra — fondamentalmente umanoidi? Guarda la Terra. Abbiamo pesci, molluschi, insetti, ragni, piante, funghi, mammiferi di ogni forma immaginabile. Miliardi di forme di vita che non possiedono affatto la forma umana.

Allora perché gli alieni dovrebbero somigliarci?

Li immaginiamo così perché noi siamo il punto di riferimento.

Siamo così concentrati sulla nostra forma che diamo per scontato che l'intelligenza, la coscienza, la vita avanzata debbano apparire come noi.

Ma ecco cosa rivela questo fatto: sappiamo già che la diversità è la norma. La vediamo ovunque sulla Terra. Eppure, quando si tratta di esseri umani? Ci sorprendiamo che siamo tutti fondamentalmente uguali. Creiamo divisioni basate su variazioni minori — tonalità della pelle, forma degli occhi, consistenza dei capelli — quando la realtà è che siamo incredibilmente simili. Solo diverse sfumature dello stesso design di base.

Tonalità di pelle diverse non sono razze diverse. Sono solo colori diversi dello stesso veicolo. Come auto che escono dalla stessa catena di montaggio con diverse opzioni di vernice. Blu, rossa, bianca, nera — stessa auto, finitura diversa.

Lo sappiamo già. In effetti, lo accettiamo già con le altre specie.

Guarda i cani. Miliardi di cani. Milioni all'interno di ogni razza. Esistono in ogni combinazione di colori immaginabile — neri, marroni, bianchi, maculati, striati. Ai cani interessa il colore del pelo di un altro cane? Si giudicano a vicenda in base al colore del mantello? Si dividono in «noi» e «loro» a seconda che siano dorati o marrone scuro?

No, sono solo cani. Colori diversi della stessa specie. E lo sanno.

Noi siamo lo stesso. Colori diversi della stessa specie. Abbiamo solo dimenticato di comportarci come se lo sapessimo.

Il paradosso del valico di frontiera

Nella mia città natale, vivevo a due ore dal confine. Guidavo regolarmente verso nord, entrando in Texas.

Stessa persona. Stessa auto. Stesso viaggio. Ma improvvisamente, una volta attraversato, avevo una nuova etichetta.

A Monterrey, ero solo una persona. In Texas, ero un PoC — una persona di colore, un termine usato negli Stati Uniti per categorizzare chiunque non sia bianco. Faccio parte di una minoranza. Latino. Ispanico. Etichette che non esistevano per me due ore più a sud.

Nulla di me era cambiato. Sono sempre io, nella stessa auto, sulla stessa autostrada. Ma le etichette continuavano a mutare in base a dove mi trovavo e a chi stava etichettando.

Ma le divisioni non sono reali. Sono solo linee che abbiamo tracciato sulle mappe e che poi abbiamo finto definissero chi sono le persone.

Non ho attraversato un confine diventando una specie diversa. Non mi sono trasformato improvvisamente in un tipo diverso di essere umano. Ero la stessa persona di due ore prima, percorrendo lo stesso tragitto, con la stessa destinazione.

La divisione è stata inventata. E se è stata inventata, può essere disinventata.

La verità dei *Doppelgänger*

Siamo un'unica specie. Espressioni diverse dello stesso progetto, sì. Ma ecco qualcosa di interessante: con tratti finiti e 120 miliardi di esseri umani che sono esistiti, i sosia non sono solo possibili — sono in qualche modo previsti.

Pensateci. La distanza tra gli occhi, la forma del naso, la struttura degli zigomi, la linea della mascella, la consistenza dei capelli — ci sono molte combinazioni possibili, ma si tratta comunque di un numero finito. Quando si hanno 120 miliardi di versioni della specie che ciclicamente attraversano quelle combinazioni, le probabilità che certi set di tratti si ripetano sono elevate.

Li additiamo perché sembrano così strani — come se una persona di duecento anni fa si fosse appena reincarnata — ma matematicamente è quasi inevitabile.

Avrai visto quelle foto: celebrità che sembrano identiche a figure storiche di decenni o secoli fa. Enzo Ferrari e Mesut Özil, separati da decenni, praticamente gemelli. Attori che sembrano esattamente persone di vecchie fotografie. Estranei su internet che potrebbero essere fratelli ma non si sono mai incontrati.

Ci sorprendiamo davanti a questo. «Wow, si somigliano tantissimo!»

Ma perché ci sorprendiamo? Siamo tutti plasmati con le stesse caratteristiche di base, solo mescolate in proporzioni diverse.

I cani sembrano identici senza essere imparentati. Lo stesso vale per i gatti. Lo stesso per qualsiasi specie con una popolazione numerosa. Combinazioni limitate con tratti finiti significano che si otterranno dei doppioni.

Non siamo così diversi gli uni dagli altri. Non lo siamo mai stati. Siamo tutti variazioni sullo stesso tema, costruiti dallo stesso progetto, guidando gli stessi tipi di veicoli sulla stessa autostrada.

Le divisioni che vediamo? Ci è stato insegnato a vederle. Non sono intrinseche alla realtà. Sono intrinseche al modo in cui abbiamo imparato a guardare la realtà.

Condizioni diverse, stessa specie

Alcune persone sono estroverse. Alcune sono introverse. Alcune sono eterosessuali. Alcune sono gay. Alcune sono mancine. Alcune sono autistiche. Alcune sono alte. Alcune sono basse. Alcune sono rumorose. Alcune sono silenziose.

Condizioni diverse. Preferenze diverse. Modi diversi di essere.

Stessa specie. Stessa autostrada. Stesso diritto di percorrere il proprio tragitto.

Sostenere le persone affinché vivano la propria vita con gioia e autenticità non dovrebbe essere una questione politica o controversa: è semplicemente umano. Siamo qui per dare agli altri lo stesso spazio che desideriamo per noi stessi.

Se qualcuno a mille miglia di distanza crede in una religione diversa dalla tua e questo lo rende felice, che impatto ha sulla tua vita? Perché dovresti volerlo costringere a credere nella tua stessa religione? Se qualcuno esprime il proprio genere in modo diverso da come fai tu, come cambia il tuo percorso? Se il cervello di qualcuno funziona diversamente dal tuo, elabora il mondo in modo diverso, trova gioia in cose diverse, in che modo influisce sulla tua destinazione?

Non lo fa.

Loro guidano il proprio veicolo. Tu guida il tuo. Sei entrambi sulla stessa autostrada, diretti verso destinazioni diverse, vivendo vite diverse che non si intersecano mai, se non per la strada che condividi sotto di te.

E se temi che tuo figlio possa imparare qualcosa da un'altra auto — qualcosa che non vuoi che impari — inizia dall'interno della tua auto.

Sii tu l'esempio. Sii il conducente che stanno osservando. Tuo figlio è nel tuo veicolo, osserva come navighi, come tratta gli altri conducenti, come reagite alle differenze sull'autostrada.

Imparano dalla tua guida, non dalle auto che passano.

La divisione — la convinzione che il loro percorso diverso minacci o sminuisca in qualche modo il tuo — è qualcosa che la tua città ti ha insegnato. È qualcosa che ti sei portato nel bagagliaio, che occupa spazio, aggiunge peso, rendendo il tuo viaggio più faticoso di quanto debba essere.

Ora puoi scaricarlo.

L'autostrada non discrimina

L'autostrada accoglie tutti i veicoli perché l'autostrada non è interessata alle tue differenze. È solo una strada. Regge allo stesso modo il peso delle berline e dei semirimorchi. Lascia che le moto vadano veloci e i camper vadano piano senza giudicare nessuno dei due.

L'autostrada funziona perché è progettata per la diversità, non per l'uniformità.

Immagina se l'autostrada accogliesse solo un tipo di veicolo. Solo berline ammesse. Stai guidando un camion? Peccato, cerca un altro percorso. Moto? Non sei le benvenute qui. Auto elettrica? Supportiamo solo i motori a benzina.

Sarebbe assurdo. L'autostrada sarebbe vuota. Metà dei veicoli resterebbe sulle strade secondarie, impossibilitata ad arrivare dove deve, perché la strada ha deciso che le loro differenze li squalificavano.

Questo è ciò che fa la divisione. Prende un'autostrada progettata per accogliere tutti e la trasforma in un percorso riservato dove solo certi veicoli sono «ammessi». Non perché quei veicoli siano intrinsecamente migliori. Solo perché qualcuno ha deciso di tracciare linee arbitrarie su chi ne faccia parte.

All'autostrada non interessa cosa stia guidando. Le interessa solo che stia viaggiando in sicurezza, condividendo la strada, senza cercare di buttare fuori gli altri veicoli solo perché sembrano diversi dal tuo.

Forse l'auto che stai giudicando proprio ora perché sembra diversa è quella che si fermerebbe ad aiutarti chilometri più avanti quando bucherai una gomma. Forse sei nel traffico proprio ora, circondati da veicoli, ma quell'auto sarebbe l'unica vicino a te in un tratto di autostrada a chilometri dalla città. In quel momento lei ti noterà, e sarai tu a gridare aiuto.

Quindi, se la tua auto si guasta e ha bisogno di una «trasfusione» di carburante, non rifiuterai l'aiuto solo perché il telaio dell'altro conducente non corrisponde al tuo o perché alla radio sta trasmettendo Lady Gaga. Ti serve solo ciò che ti permette di restare vivo sulla strada.

La prospettiva della prossimità

Simon Sinek, uno dei miei autori preferiti, celebre per il libro *Partire dal perché*, e sostenitore della mentalità del *Gioco infinito* — su cui questo libro fiorisce e si fonda — racconta una storia su come la prossimità influenzi la connessione. Lasciatemela inquadrare in questo modo:

Il tuo vicino. Quello che vive dall'altra parte della strada.

Se lo vedi sulla tua via, potresti fargli un cenno di saluto. Oppure no. Dipende dalla giornata. È solo un'altra persona nel tuo quartiere.

Se vedi lo stesso vicino in un'altra città — del tutto inaspettatamente — ti fermi. «Ehi! Che ci fai qui?» Chiacchieri per un paio di minuti. Ti scambi dei convenevoli. Poi, ognuno va per la sua strada.

Se lo vedi in un altro paese, porca miseria! In un posto dove parlano una lingua diversa? Dove tutto sembra estraneo? Ti avvicinerai SICURAMENTE. Parlerai a lungo. Farai dei programmi. Hai trovato un volto familiare (familiare nel senso che ora è quasi uno di famiglia, eh?), qualcuno che parla la tua lingua.

Ora immagina di essere un astronauta. Ti mandano sulla Stazione Spaziale Internazionale. Quando arrivi, ci vedi il tuo vicino. Ma dai, non ci credo!

Improvvisamente diventa la persona più importante della tua vita.

Lo stesso tizio a cui non avresti nemmeno fatto un cenno dall'altra parte della strada? Lassù, a milioni di chilometri dalla Terra, è la persona più importante della tua vita. Stai fluttuando entrambi nello spazio insieme. Il contesto lo rende tuo fratello.

Ora andiamo oltre: immagina la persona che odi. Quella che tifa per la squadra avversaria. Quella con opinioni politiche diametralmente opposte. Quella che eviti alle riunioni di famiglia.

Se a entrambi venisse assegnata una missione sulla ISS, non metteresti da parte le tue divergenze?

Lassù non sei avversari. Sei la specie più simile che ci sia. Non la più diversa: la più simile. Perché tutti gli altri sono a milioni di chilometri di distanza sulla Terra.

Più sei lontano, più l'uguaglianza conta. Più sei vicino a casa, più è facile concentrarsi sulle differenze.

Quando sei nel tuo quartiere, circondato dalla familiarità, le divisioni sembrano importanti. Ma mettiti lontano — in un altro paese, su una stazione spaziale, a milioni di chilometri dalla Terra — e improvvisamente quelle divisioni scompaiono. Vedi solo persone. Simili esseri umani. Conducenti sulla stessa autostrada.

Quando le etichette contano

Nell'Ottocento, essere mancini era visto come stregoneria. Magia nera. Qualcosa di sbagliato in te. Alcuni genitori legavano la mano sinistra dei bambini dietro la schiena per costringerli a usare la destra. Le scuole punivano i ragazzini perché scrivevano con la mano «sbagliata».

Oggi? A nessuno importa se sei mancino o destrimano.

L'etichetta conta solo in contesti specifici. Se sei un allenatore di football americano e cerchi di proteggere il lato cieco del tuo quarterback, sapere se è mancino o destro conta. Quell'etichetta, in quel contesto, ha senso.

Ma per scopi quotidiani? È irrilevante. Non vedi celebrità annunciare: «Ehi a tutti, ho convocato i media qui oggi per questo annuncio speciale, voglio che sappia che... sono mancino!». Non vedi servizi giornalistici su qualcuno che fa coming out come mancino.

Lo stesso principio si applica a tutto ciò che trattiamo come divisione: orientamento sessuale, identità di genere, religione, neurodivergenza, background culturale. Le etichette potrebbero contare in contesti specifici — medici, sociali, legali — dove devono essere riconosciute e protette.

Ma per l'interazione quotidiana? Per stabilire se qualcuno meriti rispetto, dignità, spazio per percorrere la propria rotta? Le etichette sono irrilevanti quanto l'essere mancini.

I tre passi

Penso che il viaggio verso la vera non-divisione (ovvero l'essere inclusivi) segua questi passaggi:

1. Consapevolezza: Riconoscere che le differenze esistono e sono comuni. Ha funzionato fin dall'Ottocento per i mancini. Capire che la neurodiversità esiste. Che le persone hanno orientamenti diversi. Che 8 e più miliardi di persone significano 8 e più miliardi di espressioni diverse dell'essere umano.
2. Accettazione: Comprendere perché qualcuno possa essere diverso — perché ha gusti differenti, perché ha bisogno di silenzio, perché reagisce con forza al cambiamento, perché si esprime in modo diverso — e adattarsi per essere più inclusivi. Non limitarsi a tollerare, ma fare effettivamente spazio.
3. Indifferenza (quella positiva): Raggiungere un punto in cui queste differenze sono solo un'altra naturale variazione umana. Come lo è oggi essere mancini. Non qualcosa da commentare, celebrare o criticare. Semplicemente... parte di come sono fatti gli esseri umani.

Non possiamo forzare il passo 2. Non possiamo obbligare le persone ad accettare ciò che non sono pronte ad accettare. Ma possiamo assolutamente promuovere il passo 1: la consapevolezza. Possiamo far notare che siamo tutti sulla stessa autostrada, alla guida di veicoli diversi, e che è proprio così che funzionano le autostrade.

E se un numero sufficiente di persone raggiunge la consapevolezza? L'accettazione segue. E l'indifferenza — quella per cui a nessuno importa chi ami o come pensi o cosa ti renda diverso perché siamo tutti solo persone che cercano di arrivare da qualche parte — diventa la conseguenza naturale. Il cerchio si chiude. Da «diversi» si torna a essere «solo persone».

Le 8 miliardi di realtà

Se sei un fautore delle etichette, se hai bisogno di metterne una a ogni singola persona per catalogarla correttamente, finirai per avere 8 miliardi di etichette.

Perché ogni persona è una persona diversa.

Nemmeno i gemelli omozigoti sono la stessa persona. Sono la prova vivente che si può apparire identici ed essere comunque due persone completamente differenti dentro. Spesso sono opposti in termini di comportamento, preferenze, personalità.

Tutti sono diversi. Allora perché vogliamo sempre che tutti siano uguali?

Perché vogliamo che tutti pensino allo stesso modo? Che abbiano le nostre stesse convinzioni politiche? Le stesse vedute religiose? Che amino le stesse cose, guardino gli stessi film, vadano a pregare nello stesso tempio — o siano agnostici come noi?

Perché ci aspettiamo che tutti abbiano le stesse capacità, la stessa mentalità, lo stesso approccio alla vita?

Siamo 8 e più miliardi di diverse espressioni (viventi) della stessa specie. Veicoli diversi sulla stessa autostrada. Eppure spendiamo così tanta energia cercando di forzare tutti nella stessa categoria, nella stessa corsia, nello stesso percorso.

Non è così che funzionano le autostrade. Non è così che funzionano le specie.

Ti è permesso lasciar andare

La divisione potrebbe sembrarti qualcosa da proteggere. Qualcosa che ti tiene al sicuro. Qualcosa che ti aiuta a orientarti.

Ma guarda cosa fa in realtà: ti rende sospettoso nei confronti degli altri conducenti. Ti fa vedere minacce dove non ce ne sono. Ti fa sprecare energia a catalogare le persone invece di limitarti a percorrere la tua rotta. Trasforma ogni interazione in una valutazione: sono come me o diversi da me? Posso fidarmi di loro o dovrei preoccuparmi?

Tutto questo è estenuante. Crea ansia. Non rende migliore il tuo viaggio.

Non devi andare d'accordo con tutti. Non devi stare vicino a persone che la pensano in modo completamente diverso da te. Loro percorrono la loro rotta. Tu percorri la tua. L'autostrada ti accoglie entrambi senza esigere che guidi insieme.

C'è una ragione se ci sono più corsie.

Ti è permesso lasciar andare tutto questo. Ti è permesso vedere gli altri veicoli solo come... altri veicoli. Diversi dal tuo, certo. Ma che condividono la stessa strada, cercando di arrivare da qualche parte, affrontando lo stesso traffico, lo stesso tempo e gli stessi cantieri che affronti tu.

Non minacce. Non competizione. Solo altri viaggiatori sulla stessa autostrada.

Non devi più portarti dietro la divisione. Ti è stata consegnata nella tua città natale. Te la sei trascinata dietro per chilometri. Ma ora sei in un'area di sosta. Puoi lasciarla qui.

Non perché fosse sbagliato averla. Non perché avresti dovuto saperlo fin dall'inizio. Ma perché ti è permesso viaggiare più leggero. Perché la prossima città verso cui sei diretto? Non ti richiede di dividere le persone in categorie prima di lasciarti entrare.

Puoi semplicemente guidare. E lasciare che anche gli altri guidino.

Cosa cambia quando disimpari la divisione

Quando lasci questa area di sosta senza quella valigia, ecco cosa cambia:

Smetti di vedere «noi» contro «loro». Vedi persone.

Smetti di catalogare i conducenti in base al tipo di veicolo. Riconosci che sono in viaggio proprio come te.

Smetti di sentirti minacciato dalle differenze. Le vedi solo come... diverse espressioni della stessa cosa.

Smetti di sprecare energia a controllare chi ha diritto di stare sull'autostrada. Ti concentri sulla tua rotta, sulla tua destinazione, sulla tua guida.

Non è ingenuità. Non è ignorare i problemi reali. È solo scegliere di vedere la realtà chiaramente: siamo tutti della stessa specie, percorriamo la stessa autostrada, cercando di arrivare in un posto che conta per noi.

Veicoli diversi. Rotte diverse. Destinazioni diverse. Stesso diritto fondamentale a compiere il viaggio.

Non c'è esame che dia voti a chi sostiene la migliore opinione politica o religione.

C'è solo l'autostrada, che accoglie ogni veicolo, e la tua scelta se guidare con il peso della divisione addosso o con la leggerezza di sapere che siamo tutti solo persone che cercano di arrivare da qualche parte.

Benvenuto in quest'area di sosta. Svota quella valigia. Lasciati alle spalle la divisione.

E quando sarai pronto, riparti — verso una città dove tutti sono ammessi sulla strada.

Capitolo 11

LA LORO MAPPA NON È LA TUA

Non stai percorrendo lo stesso tragitto di nessun altro. Non sei partito dallo stesso punto. Non sei diretto alla stessa destinazione. Il tuo veicolo non è lo stesso. I tuoi passeggeri non sono gli stessi. I tuoi vincoli non sono gli stessi.

Quindi, quando qualcuno ti dice: «Se questo ha funzionato per me, dovresti farlo anche tu», ciò che ti sta effettivamente dando sono le indicazioni dal proprio punto di partenza verso la propria destinazione, nel proprio veicolo, alle proprie condizioni.

Il punto è questo, riguardo ai consigli: arrivano sempre con un contesto invisibile. Quante volte hai dato consigli? Condividiamo diete, carriere, strategie genitoriali, trucchi di produttività, consigli sentimentali con assoluta certezza. Qualcuno trova qualcosa che funziona nella propria vita e vuole immediatamente condividerlo — sinceramente, con entusiasmo, convinto che sia la soluzione definitiva.

E a volte lo è. Per loro. Nel loro contesto. Con il loro veicolo, sulle loro strade, con i loro specifici passeggeri e vincoli.

La trappola dei consigli non consiste nell'accettarli. Consiste nel dimenticare che ogni consiglio arriva con un asterisco invisibile: *ha funzionato nella mia specifica situazione.*

L'origine che non si vede

Quando qualcuno ti dà un consiglio, sta condividendo le indicazioni stradali dalla propria città natale verso la propria meta. Ne conosce ogni segnale stradale, ogni schema di traffico, ogni scorciatoia. Ciò che non può vedere è che tu non stai partendo dalla sua città — stai partendo dalla tua.

Il suo consiglio ha perfettamente senso. Per chi parte dalla sua posizione, con il suo veicolo, diretto verso dove sta andando lui.

La trappola è presumere che il suo percorso funzioni dal tuo punto di partenza.

Pensa alle indicazioni stradali. Se qualcuno ti dice: «Gira a sinistra alla grande quercia che trovi sulla destra», l'indicazione è utile solo se stai arrivando dalla stessa direzione da cui arrivava lui. Da un'angolazione diversa, potresti non vedere affatto la quercia. O ne vedrete tre. O forse la quercia è stata abbattuta l'anno scorso, ma lui non ha più percorso quella strada da allora.

Le sue indicazioni non sono sbagliate. Semplicemente, non sono universali.

La valigia piena del contesto altrui

Ogni consiglio viene confezionato insieme al contesto. La situazione lavorativa di chi lo dà, la sua struttura familiare, la sua personalità, la sua posizione finanziaria, la sua salute, i suoi valori, le sue paure, le sue esperienze. Tutto questo è invisibile per te, incorporato nella raccomandazione come una valigia che non puoi vedere.

Qualcuno ti dice di svegliarti alle 5 del mattino perché la cosa gli ha cambiato la vita. Quello che non menziona: è una persona mattiniera, non ha figli, va a letto alle 21, lavora da casa e ama il silenzio prima che il mondo si svegli. Magari condivide persino video sui social media della sua routine mattutina con orari che non includono il tempo impiegato per posizionare la telecamera.

Tu ci provi. Sei dei nottambuli, hai un bambino che si sveglia due volte per notte, il tuo tragitto casa-lavoro inizia alle 7 e dai il meglio di te stessi dopo le 22.

Il suo consiglio era reale. Il tuo contesto è differente. Il consiglio non è trasferibile.

Qualcuno ti suggerisce di licenziarti e seguire la tua passione come ha fatto lui. Ciò che in quel consiglio è invisibile: aveva sei mesi di risparmi, un partner che lo sosteneva con un reddito stabile, niente figli, una buona assicurazione sanitaria tramite il coniuge e una competenza spendibile sul mercato che aveva già sviluppato nei fine settimana.

Tu hai risparmi per tre mesi di affitto, sei l'unica fonte di reddito, hai due persone a carico e la tua passione è qualcosa che richiede anni per essere monetizzata.

Il suo consiglio non era sbagliato nella sua situazione. Potrebbe essere catastrofico per la tua.

La consapevolezza all'area di sosta

Esamina i consigli che ti porti appresso. Non per respingerli, ma per capire da dove provengano.

Quel sistema di produttività che ti fa sentire in colpa perché non riesci a mantenerlo? È stato progettato da qualcuno con livelli di energia, responsabilità e una chimica cerebrale diversi dai tuoi.

Quel consiglio sulle relazioni che sembra non funzionare mai? È venuto da qualcuno in un tipo diverso di relazione, con stili di comunicazione, storie e bisogni differenti.

Quella strategia genitoriale che ti fa sentire dei falliti? È stata scritta da qualcuno con figli diversi, risorse diverse e sistemi di supporto diversi.

Nulla di tutto ciò rende il consiglio cattivo. Rende il consiglio contestuale.

L'esperimento mentale della vacanza a Disney

Qualcuno osserva e critica una famiglia perché segue un programma rigido a Disney — ogni giostra pianificata, ogni pasto cronometrato, ogni punto per le foto mappato. «Sono troppo stressati! Dovrebbero solo rilassarsi e godersela!»

Ma ecco cosa non vede quel critico: forse quella famiglia ha risparmiato per anni per questo viaggio. Forse è la loro unica occasione di andarci. Forse avere un piano significa che riusciranno effettivamente a sperimentare tutto ciò per cui hanno risparmiato, invece di vagare sopraffatti. Forse i genitori amano sinceramente pianificare — quell'organizzazione non è stress per loro. È il modo in cui si divertono.

Il consiglio del critico («rilassati e basta!») nasce dal suo contesto: forse vive abbastanza vicino da andarci regolarmente, forse ha l'abbonamento annuale, forse la spontaneità è il suo modo di godersi le cose.

Nessuno dei due approcci è sbagliato. Sono veicoli diversi in viaggi diversi.

La trappola dei consigli è pensare che il proprio modo di vivere Disney (o qualsiasi altra cosa) debba funzionare per tutti.

Cosa significa davvero «divertimento»

Chiedi a dieci persone come sia un «fine settimana divertente» e otterrai dieci risposte completamente diverse:

Chi lavora da casa potrebbe voler vestirsi bene e andare in un posto rumoroso e affollato.

Chi lavora nel commercio al dettaglio potrebbe voler restare a casa in pigiama e non vedere assolutamente nessuno.

Chi sta seduto a una scrivania tutto il giorno potrebbe voler fare un'escursione.

Chi sta in piedi tutta la settimana potrebbe voler sdraiarsi sul divano e guardare una serie tutta d'un fiato.

Quando una di queste persone dice: «Dovresti provare, è così divertente!» — intende che è divertente per qualcuno con la propria energia, le proprie preferenze, il proprio contesto. Non ha torto. È contestuale.

La trappola è intendere quel «dovresti» come una prescrizione universale invece di un «questo ha funzionato a partire dal mio punto di partenza».

Smetti di seguire il GPS di qualcun altro

Il tuo GPS è programmato per la TUA destinazione. Non per la loro.

Qualcuno ti dice: «Devi fare più networking per far avanzare la tua carriera». Questo potrebbe essere vero se lavori nelle vendite, se sei estroverso, se sei in un settore dove le relazioni guidano le opportunità.

Potrebbe essere completamente sbagliato se sei in un campo dove il lavoro parla da solo, se stai costruendo qualcosa che richiede anni di sforzo solitario e focalizzato, se avanza grazie alla competenza tecnica piuttosto che alle conoscenze.

Il loro GPS non sta mentendo. Semplicemente non è calibrato per il tuo percorso.

Qualcuno dice: «Devi risparmiare il 20% del tuo reddito». È un consiglio solido se guadagni abbastanza da rendere possibile quel 20%, se non hai debiti che ti schiacciano, se non hai persone a carico, se non hai spese mediche che divorano lo stipendio.

È un consiglio inutile se riesci a stento a coprire l'affitto.

Il consiglio in sé non è cattivo. È il contesto a fare tutto.

Modelli di riferimento vs Imitazione

Puoi osservare come guida qualcun altro e trarne ispirazione. Puoi notare la sua tecnica, la sua compostezza, la sua efficienza. Puoi imparare guardandolo.

Quello che non puoi fare è replicare esattamente il suo percorso quando parti da una posizione diversa.

I modelli di riferimento funzionano quando si prendono i principi e li si adatta al proprio contesto. L'imitazione fallisce quando si cerca di coprire le mosse esatte dal loro contesto al tuo.

Qualcuno ha costruito un'azienda di successo lavorando 80 ore a settimana. Non molla mai. Puoi ammirare la sua dedizione senza distruggere la tua salute cercando di eguagliare il suo ritmo quando hai energie diverse, bisogni familiari diversi, fasi della vita diverse.

Qualcuno ha ottenuto qualcosa attraverso un networking aggressivo e un attivismo costante. Puoi rispettare il suo approccio senza forzarti in uno stile che ti prosciuga, quando il lavoro profondo e la riflessione attenta sono la tua vera forza.

Cerca l'ispirazione, non l'imitazione. Prendi ciò che risuona e lascia il resto.

Ti hanno insegnato che le persone di successo si svegliano presto, quindi dovresti farlo anche tu. Ti hanno insegnato che devi darti da fare costantemente, quindi ti senti in colpa a riposare. Ti hanno insegnato che esiste un unico modo giusto per crescere i figli, gestire i soldi, far carriera.

Tutti quei consigli sono nati dal contesto di qualcuno. Alcuni potrebbero trasferirsi nel tuo. La maggior parte no, almeno non esattamente.

La trappola è trattare i consigli legati a un contesto specifico come legge universale.

Sì, incluso questo libro

Tutto in questo libro — ogni metafora, ogni suggerimento, ogni osservazione — è nato dal mio contesto. Il mio veicolo, le mie strade, i miei passeggeri.

Qualcosa potrebbe risuonare con la tua situazione. Qualcosa potrebbe non applicarsi affatto. Qualcosa potrebbe aver bisogno di essere adattato significativamente per funzionare nel tuo tragitto quotidiano.

Questi non sono consigli. È una prospettiva. È come appaiono le cose dal punto in cui sto guidando io, con la consapevolezza che tu stai guidando partendo da un'altra parte.

Se la metafora della guida ti aiuta a pensare al tuo viaggio in modo diverso — portatela con te. Se ti sembra forzata o non corrisponde a come vedi la tua vita — dimenticatela.

La trappola sarebbe se ti dicessi: «Questo ha funzionato per me, quindi dovresti farlo anche tu». Il messaggio reale è: «Questo è ciò che vedo dal mio posto. Prendi ciò che ha senso dal tuo».

Quando immagina il tuo vialetto di casa

Qualcuno chiede su una comunità di Reddit a cui appartieni per via dell'auto che possiedi: «Ho appena comprato lo stesso modello di auto che guida tutti tu — qualche consiglio su come gestirla?»

Tu scrivi un consiglio basato sulla tua esperienza: occhio al raggio di sterzata stretto nei parcheggi multipiano. L'angolo cieco sul lato passeggero richiede un'attenzione extra. Tenetela in modalità sport in autostrada per una risposta migliore.

Tutto sinceramente utile. Per qualcuno che percorre le tue strade.

Ma quello che non puoi vedere: quella persona vive in una fattoria nel bel mezzo del nulla. Niente parcheggi multipiano. Niente autostrada per andare al lavoro. Le sue preoccupazioni sull'angolo cieco riguardano il bestiame, non i cambi di corsia. Il tuo consiglio sulla modalità sport è inutile quando naviga su strade sterrate a 25 km/h.

Non avevi torto. Eri contestuali.

Questo accade costantemente.

Consigli di carriera da parte di chi è entrato nel settore quando i posti di lavoro abbondavano e l'istruzione era accessibile — dati a qualcuno che entra nello stesso campo oggi, quando il panorama è completamente diverso.

Consigli sulle relazioni da parte di chi ha incontrato il partner a 22 anni — dati a chi sta costruendo una relazione a 42 anni con un'esperienza di vita completamente diversa.

Consigli genitoriali da chi ha cresciuto i figli prima che esistessero gli smartphone — applicati a chi deve navigare l'infanzia digitale.

Consigli finanziari da chi ha comprato la prima casa quando costava tre volte lo stipendio annuo — dati a chi deve comprarla quando ne costa dieci volte tanto.

Il consiglio era reale. Il contesto era diverso. I tuoi consigli per la guida in città non aiutano chi vive in una fattoria.

Cosa significano i consigli in realtà

Quando qualcuno dice: «Se questo ha funzionato per me, dovresti farlo anche tu», ciò che intende in realtà è:

«Questo ha funzionato nel mio veicolo, sulle mie strade, con i miei passeggeri, dati i miei vincoli, con la mia personalità, nella mia fase della vita, nelle mie circostanze».

Semplicemente non dicono tutto questo perché non riescono a vederlo. Il loro contesto è come l'acqua per un pesce — è ovunque, quindi è invisibile.

Il tuo compito non è rifiutare il loro consiglio. Il tuo compito è tradurlo.

Chiediti:

Qual era il loro punto di partenza?

Qual è il mio punto di partenza?

Quali erano i vincoli entro i quali operavano?

Quali sono i vincoli con cui lavoro io?

Cosa ha funzionato per loro nel loro contesto?

Come apparirebbe quel principio nel mio contesto?

A volte la risposta è: «Questo si traduce direttamente — posso usarlo».

A volte è: «Questo non si applica affatto alla mia situazione».

Molto spesso è: «Posso prendere il principio e adattarlo al mio percorso».

Il permesso che non sapevi di avere

Hai il permesso di prendere i pezzi di consiglio che risuonano e scartare le parti che non lo fanno.

Hai il permesso di adattare ciò che funziona per loro in qualcosa di diverso che funzioni per te.

Hai il permesso di dire: «È fantastico che abbia funzionato per te, ma il mio contesto è diverso». La lealtà ai consigli di qualcun altro non ti aiuterà se quei consigli non si adattano al tuo contesto.

Hai il permesso di prendere il consiglio di qualcuno — anche di un caro amico — e modificarlo per adattarlo alla tua situazione. E se lui se ne accorge e si mette sulla difensiva: «Ehi, non hai seguito il mio consiglio!», hai il permesso di dire: «Sì, l'ho fatto. L'ho adattato al mio contesto. La ricetta è assolutamente la tua, l'ho solo aggiustata per la mia cucina».

Hai il permesso di smettere di sentirti in colpa perché non segui consigli che non si adattano alla tua situazione.

Hai il permesso di smettere di paragonare il tuo percorso a quello di qualcun altro quando parti da posizioni diverse.

La trappola dei consigli è pensare che se qualcosa ha funzionato per loro, debba funzionare per te esattamente come hanno fatto loro.

L'uscita da quella trappola è capire che ogni consiglio è contestuale — e il tuo compito è filtrarlo attraverso la tua realtà, non forzare la tua realtà a corrispondere ai loro consigli.

Prendi ciò che si traduce. Adatta ciò che si avvicina. Lascia ciò che non calza. È giunto il momento di smettere di seguire il GPS di qualcun altro.

Non c'è esame che valuti se hai seguito correttamente il consiglio di qualcuno.

Ci sono solo il tuo contesto, i tuoi vincoli e il fatto che stia percorrendo o meno un tragitto che abbia effettivamente senso per il tuo viaggio.

Capitolo 12

OGNI SVOLTA TI HA PORTATO FIN QUI

Di tutte le svolte che avresti potuto imboccare, hai preso proprio quelle che ti hanno condotto qui.

Ogni incrocio. Ogni decisione su quale corsia occupare, quale uscita scegliere, quale percorso seguire. Ne hai prese a migliaia. E ognuna ti ha portato esattamente in questo punto, a leggere esattamente questa frase, in questa esatta versione della tua vita.

Non puoi premere Ctrl-Z, tornare indietro e percorrere una strada diversa. Quegli altri percorsi non ci sono più. Potrebbero esistere in qualche universo parallelo dove una versione diversa di te ha fatto scelte diverse. Ma quello non è il tuo universo. Quello non è il tuo viaggio.

Questo lo è.

Ecco il cambio di prospettiva: non c'è nulla da rimpiangere. Non perché tu debba «lasciar andare» il rimpianto o «perdonare te stesso» per le scelte passate. Ma perché il concetto stesso di rimpianto non dovrebbe applicarsi alla tua vita.

Non ci sono state svolte sbagliate. Ci sono state solo le svolte che ti hanno portato qui, vivo, ora.

Questo potrebbe essere il disimparare più faticoso di tutti. È pesante. Il rimpianto sembra così giustificato. Così meritato. Così ovvio.

Hai preso strade che «non avresti dovuto». Hai fatto scelte che hanno portato dolore. Hai sprecato tempo andando nella direzione «sbagliata». Come può non esserci nulla da rimpiangere?

Semplice: quelle strade non erano sbagliate. Erano le uniche strade che potevano portarti a essere qui, in questo momento. E «essere qui ora» significa che possiedi i criteri che hai adesso. La maturità. La saggezza. I chilometri sul tuo contachilometri.

Questo non è poco. Questo è tutto.

L'albero che mostra il tuo cammino

Immagina un albero. Un albero immenso con migliaia di rami che si protendono in ogni direzione.

In basso c'è il tronco: la tua origine, il punto da cui sei partito.

In cima a un ramo specifico, c'è una didascalia nera che dice: «Tu sei qui!».

C'è una linea spessa che traccia un percorso continuo dal tronco fino a dove ti trovi ora. Una rotta tra migliaia di rami possibili. Un unico sentiero che ti ha portato a questo istante.

Guarda tutti gli altri rami. Sono a migliaia. Ognuno rappresenta una scelta che non hai fatto. Un sentiero diverso che una versione differente di te avrebbe potuto intraprendere.

Questi rami sono reali. Esistono sull'albero. Ma non sono il TUO insieme di rami. Non fanno parte del tuo cammino.

Il tuo cammino è la linea nera. Un percorso continuo dal tronco alla punta. Ogni svolta, ogni incrocio, ogni scelta fa parte di quell'unica linea.

Puoi guardare gli altri rami e pensare «e se...». Puoi immaginare cosa sarebbe potuto accadere se avessi preso una strada diversa cinque anni fa, dieci anni fa, vent'anni fa.

Ma non potresti essere su un ramo diverso e restare comunque te stesso.

Perché tu sei la linea nera. Sei la somma di ogni scelta che ha creato questo specifico percorso attraverso l'albero.

Se avessi scelto diversamente in qualsiasi momento, non saresti più tu. Saresti una versione diversa. Vivresti su un ramo distinto. Con un cammino diverso. Una vita diversa.

Non una vita migliore. Non una vita peggiore. Solo diversa. Inconoscibile.

L'unica versione che esiste

Nella fisica quantistica, esiste il concetto secondo cui ogni scelta crea un universo ramificato. Hai scelto a sinistra, e da qualche parte esiste un universo parallelo dove hai scelto a destra. Entrambe le versioni di te esistono, vivendo vite diverse.

È un esperimento mentale affascinante per la fisica.

Ma è del tutto irrilevante per la tua vita reale (questa versione, quella che sta leggendo questo libro).

Perché tu non vivi in universi multipli. Vivi in questo. Su questo ramo. Seguendo questa linea nera.

Quell'altra versione di te, che ha girato a sinistra invece che a destra? Che ha accettato il lavoro invece di rifiutarlo? Che è rimasta invece di andarsene?

Quelle versioni non esistono nella tua realtà. Esistono in teoria. Nell'immaginazione. Negli scenari del tipo «e se...» che ripercorri alle due di notte quando non riesci a dormire.

Tu esisti qui. Ora. Su questo ramo.

E questo ramo è l'unico che conta perché è l'unico reale per te.

Stessa rotta, mai lo stesso viaggio

Pensa a un viaggio in auto che hai fatto più volte. Stesso punto di partenza. Stessa destinazione. Stessa autostrada.

Non è mai identico.

Questa volta decidi di fermarti per una sosta bagno al chilometro 150. L'ultima volta ti sei fermato al chilometro 175.

Sorpassi un camion lento, ti porti avanti. La tua famiglia vuole degli snack, così accosti in un'area di servizio.

Mentre sei dentro a comprare da bere, guardi fuori dalla finestra e vedi lo stesso camion che avevi sorpassato sfrecciare via in autostrada.

«Oh, no, di nuovo», pensi. Ora dovrai sorpassarlo ancora. Ma potresti anche non incontrarlo affatto.

Forse prenderà un'uscita tra un chilometro che tu non prenderai. Forse si fermerà alla prossima stazione di servizio e tu no. Forse lo sorpasserai di nuovo, forse no.

Stessa rotta. Variabili diverse. Tempi diversi. Risultato diverso.

Non si può ricreare un viaggio, nemmeno quando ci si prova. Troppe variabili. Troppi altri guidatori che fanno le proprie scelte. Troppe piccole differenze temporali che si trasformano a cascata in esperienze completamente uniche.

Quindi, quando immagini di tornare indietro e «rifare» una scelta di cinque anni fa — accettare l'altro lavoro, restare in quella relazione, trasferirti nell'altra città — non stai solo immaginando una scelta diversa. Stai immaginando uno scenario impossibile in cui tutto il resto rimane invariato tranne quella singola decisione.

Ma non funziona così. Cambia una scelta e cambia tutto. Ogni incrocio successivo. Ogni persona che incontri. Ogni opportunità che appare o scompare. Ogni versione di chi diventerai.

Non puoi rifare il tuo percorso e ottenere un risultato migliore.

Il cammino su cui ti trovi è l'unico reale. Ed è l'unico che ti ha portato qui.

Forse avrai sentito questa domanda *cliché*: «Se avessi una macchina del tempo e potessi viaggiare indietro di 25 anni per dire solo una cosa al te stesso più giovane, cosa diresti?».

La gente ama rispondere. «I numeri del lotto». «Bitcoin». «Non frequentare quella persona». «Accetta quel lavoro». «Evita quell'errore».

Questo è il rimpianto.

Il mio messaggio al me stesso più giovane sarebbe: «Descrivimi come ti vedi tra 25 anni».

Tutto qui. Ovviamente riderei tra me e godrei della sua (mia) risposta perché il giovane Eric non ha idea di cosa stia per travolgerlo.

Non lo avvertirei di nulla perché, se prendesse una svolta diversa in un punto qualsiasi, questa versione di me sparirebbe. Svanirei dalle foto di famiglia. Non avrei finito per sposare Silvana. Mio figlio non esisterebbe. La persona che scrive questo libro non sarebbe mai esistita. Perché mai dovrei volerlo?

Le tue scelte definiscono la tua vita

Se le combinazioni nel nostro DNA definiscono il nostro essere vivente, le combinazioni delle nostre scelte definiscono la nostra vita.

Non sei solo la persona con questo specifico codice genetico. Sei la persona che ha fatto queste scelte specifiche, in questo ordine specifico, in queste circostanze specifiche.

Quelle scelte hanno costruito il tuo cammino. Scelta dopo scelta. Svolta dopo svolta. Incrocio dopo incrocio.

E quel cammino ti ha portato a essere qui, con la consapevolezza che hai ora.

C'è una battuta in una serie TV — *Prime Target* su Apple TV+ — che calza a pennello: «Tutti noi abbiamo delle scelte. Quello che ho imparato è che sono quelle che facciamo a definirci».

Non le scelte che avremmo voluto fare. Non le scelte che gli altri pensano avremmo dovuto fare. Non le scelte teoriche che avrebbero portato a risultati diversi.

Le scelte che abbiamo effettivamente fatto.

Tu non sei la persona che avrebbe fatto scelte diverse. Sei la persona che ha fatto queste scelte.

Questa è la tua vita.

Non esistono scelte sbagliate

Qui si va nel profondo.

Pensi che alcune delle tue scelte siano state sbagliate. Le rimpiangi. Vorresti poter tornare indietro e scegliere diversamente.

Ma ciò che «sbagliato» implica è che ci fosse una scelta giusta che avresti dovuto fare invece di quella.

Non c'è esame che valuti le tue scelte. Non esiste uno standard universale per le decisioni «giuste». Non c'è una tabella dei punteggi che misuri se hai scelto correttamente.

Pensa a quel lavoro che odiavi. Quello che rimpiangi di aver accettato. Quello che ti è sembrato come due anni sprecati.

È stata una scelta sbagliata?

E se quel lavoro ti avesse reso resiliente? E se ti avesse insegnato a sopportare le difficoltà? E se ti avesse chiarito cosa non vuoi assolutamente nella vita? E se ti avesse messo nella stessa stanza con qualcuno che è diventato fondamentale per il tuo cammino in seguito? E se ti avesse dato competenze che non sapevi di aver bisogno?

E se — e questa è la parte cruciale — e se rifiutare quel lavoro ti avesse portato su un ramo dove oggi non saresti qui?

Non sai cosa sarebbe successo sull'altro ramo. Non puoi saperlo. Quel ramo per te non esiste.

Quello che sai è questo: la scelta che hai fatto ti ha portato a essere qui. Ancora nel tuo viaggio.

Non è una scelta sbagliata. È l'unica scelta che ha portato a questo risultato.

La trappola del «e se...»

«E se fossi rimasta in quella relazione?». «E se avessi accettato quell'offerta di lavoro?». «E se mi fossi trasferito in quella città?». «E se avessi avviato quell'attività?». «E se fossi andato in quell'altra scuola?».

E se. E se. E se.

Quando giochi al gioco del «e se», immagini uno scenario in cui hai fatto una scelta diversa e tutto è andato meglio.

Ma non è così che funzionano i rami.

Se fossi rimasto in quella relazione, non avresti ottenuto solo le parti belle del restare. Avresti intrapreso un cammino interamente diverso. Con conflitti diversi. Una crescita diversa. Sfide diverse. Una versione diversa di te.

Forse quella versione sta fiorendo. Forse quella versione è miserabile. Forse quella versione non è più in vita.

Non lo sai. Non puoi saperlo.

Quello che sai è che la scelta che hai fatto — andartene — ti ha portato a essere qui. Ed «essere qui» significa che sei ancora sul tuo ramo, stai ancora guidando, stai ancora facendo delle scelte con tutto ciò che hai imparato finora.

La trappola del «e se...» ti fa credere di poter vedere chiaramente gli altri rami. Ti convince che tu sappia cosa sarebbe successo se avessi scelto diversamente.

Non puoi. Quei rami sono nebbia. Sono immaginazione. Sono storie che racconti a te stesso alle due di notte su sentieri che non hai imboccato.

Il tuo ramo è l'unico reale. Ed è l'unico che ti ha portato fin qui.

Detto brutalmente: sei vivo

Mettiamo da parte tutta la filosofia e arriviamo alla verità fondamentale.

Ogni scelta che hai compiuto ti ha portato a essere vivo in questo preciso istante.

Ogni «svolta sbagliata». Ogni «errore». Ogni decisione di cui ti penti. Ogni sentiero che sembrava non portare da nessuna parte.

Tutti quanti ti hanno condotto qui. A respirare. A leggere queste righe. A continuare a guidare in avanti.

Non sai cosa sarebbe successo sugli altri rami. Magari avrebbero portato a esiti migliori. Magari peggiori. Magari avrebbero fatto sì che tu non fossi affatto qui.

Ciò significa che ogni scelta che hai fatto è stata quella giusta per questa versione di te. Non perché abbia portato al miglior risultato possibile. Ma perché ha portato a questo risultato: tu, qui, che guidi ancora.

Non c'è esame per stabilire se il tuo percorso sia stato ottimale. C'è solo il tuo percorso, ed è quello che ti ha portato fin qui.

I genitori perfetti per il tuo itinerario

«Ho la madre migliore del mondo. — Ho il padre migliore del mondo».

Lo diciamo tutti. Non perché abbiamo valutato oggettivamente tutti i genitori del pianeta e i nostri abbiano ottenuto il punteggio più alto. Ma perché i nostri genitori sono il nostro punto di riferimento per il concetto di «genitore». Sono lo zero su quella linea.

Non sono necessariamente i migliori in senso assoluto. Sono i migliori per il tuo itinerario. Perché sono gli unici genitori che hanno piantato e innaffiato il TUO albero specifico.

Pensaci: i tuoi genitori sono stati la prima grande biforcazione dei tuoi rami. Il tronco. Il fondamento di ogni scelta successiva.

Con genitori diversi, saresti una persona diversa. Non migliore. Non peggiore. Solo diversa. Completamente diversa.

Genitori diversi ti avrebbero insegnato lezioni diverse — o non ti avrebbero insegnato nulla. Ti avrebbero fornito risorse diverse, un sostegno diverso, sfide diverse. Avrebbero creato circostanze diverse che avrebbero portato a scelte diverse, che a loro volta avrebbero generato rami diversi.

E nessuno di quei rami sarebbe il tuo.

I tuoi genitori — queste persone specifiche, con i loro pregi, difetti, presenze o assenze — hanno plasmato il TUO itinerario specifico. Anche i contraccolpi. Anche l'assenza. Anche i momenti in cui non c'erano quando ne avevi più bisogno.

Quelle non sono state deviazioni da un'educazione «corretta». Sono stai gli ingredienti esatti che ti hanno creato.

Ti hanno insegnato a guidare. Magari lo hanno fatto male. Magari alla perfezione. Magari ti hanno lasciato a sbrigartela da solo. Non importa. Il loro insegnamento — o la sua mancanza — ha creato il TUO stile di guida. Il tuo approccio alla strada.

Non puoi desiderare lezioni di guida diverse senza diventare un guidatore completamente diverso.

Persino i genitori che hanno causato danni, che sono stati assenti, che hanno fatto scelte terribili — anche loro hanno plasmato il ramo su cui ti trovi. Puoi riconoscere il dolore che hanno causato. Puoi ammettere i modi in cui hanno fallito. Puoi scegliere di non ripetere i loro schemi.

Ma non puoi rimpiangere che siano stati i tuoi genitori senza rimpiangere il tuo intero albero. Perché genitori diversi = un te diverso. Non la versione di te che sta leggendo queste parole. Una versione diversa su un ramo distinto che non esiste nella tua realtà.

I tuoi genitori sono stati perfetti per te. Non perché fossero impeccabili. Non perché non abbiano commesso errori. Non perché tu sia tenuto a ringraziarli o a perdonarli o a mantenere rapporti con loro se sono stati nocivi.

Ma perché hanno creato la versione di te che esiste. Questa versione. Quella su questo ramo, con questo percorso, con questo specifico 100% di vita.

Dillo ad alta voce: «Ho avuto la madre migliore del mondo. — Ho avuto il padre migliore del mondo».

Perché erano i tuoi. Sul tuo itinerario. Gli unici genitori che avrebbero potuto creare il te che è qui ora.

Ognuno ha «i migliori genitori del mondo» sul proprio itinerario. Perché i genitori di chiunque creano lo specifico ramo su cui si trova quella specifica persona.

Questa non è gratitudine forzata. È pura realtà.

I tuoi genitori sono stati la prima curva del tuo itinerario. Non puoi desiderare prime curve diverse senza desiderare di essere su un itinerario completamente diverso — il che ti renderebbe qualcun altro.

E tu sei qui. Questa versione. Su questo ramo. È l'unica versione che esiste nella tua realtà.

Cosa significa davvero «svolta sbagliata»

Quando dici che una scelta è stata una «svolta sbagliata», quello che stai dicendo in realtà è: «Non mi è piaciuto dove mi ha portato quella scelta».

D'accordo. Ci sta. Alcuni sentieri sono difficili. Alcune scelte portano dolore. Alcuni itinerari ti portano attraverso territori che non avresti mai voluto vedere.

Ma definirli «sbagliati» implica che ci fosse una scelta corretta che avresti dovuto fare invece di quella. E che la scelta corretta avrebbe portato a un esito migliore.

Ma ecco cosa ti sfugge: non sai se sia vero.

Stai paragonando il percorso reale che hai intrapreso a un percorso immaginario che pensi sarebbe stato migliore. Ma quel percorso immaginario è solo questo: immaginario.

Il percorso reale? Ti ha insegnato qualcosa. Ti ha reso resiliente. Ti ha mostrato ciò che sei capace di sopportare. Ha rivelato i tuoi valori. Ha costruito la tua forza.

E ti ha portato fin qui.

Quella non è una svolta sbagliata. È parte del tuo itinerario.

Non hai fatto scelte sbagliate. Hai fatto le uniche scelte che le circostanze di quel momento ti hanno portato a fare, consciamente o inconsciamente.

Il perdono non cambia il passato, ma cambia il futuro

Probabilmente hai già sentito questa espressione usata a proposito del perdono verso se stessi.

Ma questo non è il punto.

Ciò che cambia il tuo futuro è perdonare gli altri. Il guidatore che ti ha tagliato la strada. L'amico che ti ha tradito. La persona che ti ha ferito.

Rimanere aggrappati alla rabbia verso di loro non cambia ciò che è successo. Ma rovina la tua guida futura. Ti rende amaro. Ti fa guidare con rabbia invece che con pace.

Non dimenticherai. Ci penserai due volte se lo stesso scenario dovesse ripetersi. Ma perdonerai per andare avanti.

Perdonarli a volte non perché lo meritino, ma perché tu meriti di smettere di trascinarti dietro il loro peso. È questo che cambia il futuro.

A proposito, non sto dicendo che dovresti solo perdonare e non scusarti mai perché gli altri dovrebbero semplicemente dimenticare. Quando ferisci qualcuno, devi chiedere perdono — anche se il danno non era intenzionale. E non nasconderti dietro la frase vuota «Mi dispiace che le mie azioni ti abbiano ferito». Assumiti la responsabilità: «Mi dispiace di averti ferito, anche se all'epoca non me ne rendevo conto».

Cosa stai disimparando

Non stai disimparando a portare il peso del rimpianto.

Stai disimparando la convinzione che il rimpianto sia applicabile alla tua vita.

Ti hanno insegnato che alcune scelte sono errori. Che dovresti sentirti male per le svolte sbagliate. Che rimpiangere le decisioni passi sia naturale e giustificato.

Ma guarda il tuo percorso. Guarda la linea nera che va dal tronco alla cima.

Ogni scelta su quella linea ti ha portato qui. Ogni curva è stata necessaria per creare questa specifica versione di te.

Quella cosa che rimpiangi — non aver spiegato bene qualcosa quando qualcuno ti ha fatto una domanda? Ti ha trasformato nell'insegnante che sei oggi, che spiega tutto nei dettagli. Quella relazione finita male? Ti ha insegnato ciò di cui hai effettivamente bisogno in un partner. Quel lavoro che odiavi? Ha chiarito i tuoi punti non negoziabili. Quell'amicizia che hai perso? Ti ha mostrato la differenza tra convenienza e connessione.

Tutto questo ha forgiato la tua vita e il tuo scopo. Non sono errori di cui pentirsi. Sono i mattoni di chi sei in questo momento.

Non privartene.

Non ci sono errori sul tuo percorso. Perché ogni scelta è stata l'unico sentiero che portava avanti.

Non puoi rimpiangere una scelta che è stata l'unico percorso per farti essere vivo adesso.

Questa non è una giustificazione. È solo realtà.

I chilometri che hai percorso

Il tuo contachilometri registra ogni chilometro che hai percorso. Non etichetta alcuni chilometri come «buoni» e altri come «sprecati». Non giudica quali itinerari fossero ottimali.

Conta e basta. In avanti. Sempre in avanti.

Anche quando hai fatto retromarcia, ha contato quei chilometri. Anche quando hai fatto delle deviazioni, ha contato quei chilometri. Anche quando ti sei perso, ha contato quei chilometri.

Contano tutti. Fanno tutti parte del tuo viaggio.

Puoi guardare il contachilometri e dire: «Vorrei non aver percorso quei chilometri». Ma quei chilometri sono ancora lì. Sono successi davvero. Non puoi tornare indietro nel tempo e cancellarli. Fanno comunque parte della tua distanza totale percorsa.

E ti hanno portato fin qui.

Non sei definito dall'aver percorso l'itinerario «giusto». Sei definito dall'aver percorso questo itinerario. Il tuo itinerario. L'unico itinerario reale per te.

L'unico ramo che conta

Quando lascerai questa area di sosta, non starai cancellando il tuo passato. Non starai sostenendo che non sceglieresti diversamente se potessi rifare tutto da capo.

Stai solo prendendo atto della realtà: non puoi rifarlo da capo. Quegli altri rami per te non esistono. E il ramo su cui ti trovi — questo, quello vero — è l'unico che ti ha portato qui.

Ogni scelta che hai fatto è stata l'unico sentiero verso il futuro che portava a questo momento.

Non perché tu abbia fatto le scelte ovvie. Ma perché hai fatto le scelte che potevi fare, nei momenti in cui dovevi farle, con le informazioni, le emozioni e i vincoli con cui stavi lavorando.

E quelle scelte hanno costruito il tuo percorso. Una linea continua da dove hai iniziato a dove sei ora.

Tu esisti su questo ramo. Non perché fosse il ramo migliore. Ma perché è l'unico ramo reale che ti DEFINISCE.

Non c'è esame per giudicare se hai preso la strada «giusta».

C'è solo il tuo percorso, le tue scelte, e il fatto che ti abbiano portato qui.

Tu sei qui. Sul tuo ramo. Vivo!

Questo non è un premio di consolazione. È una presa di coscienza. È tutto.

E quando sarai pronto, continua a guidare — non più leggero perché hai lasciato cadere il rimpianto, ma più lucido perché finalmente hai capito che non era mai stato tuo compito portarne il peso.

SECONDO PIT STOP

È stato un terreno impegnativo. Quattro aree di sosta consecutive: quattro capitoli di disapprendimento attivo.

Competizione. Consigli. Divisione. Rimpianto. Avete appena attraversato alcuni dei territori mentali più densi di questo viaggio. La Parte IV vi ha chiesto di spacchettare convinzioni che vi siete trascinati dietro per chilometri: l'idea di dover vincere, di dover seguire il percorso di qualcun altro, di dovervi separare dagli altri viaggiatori, di dover rimpiangere le svolte fatte.

È molta roba.

Quindi ora fermiamoci per un pit stop, per riprendere fiato un momento.

Le aree di sosta hanno i bidoni della spazzatura per un motivo. Hai esaminato ciò che stai trasportando. Hai deciso cosa funziona ancora per te e cosa no. E ora puoi buttare via quello che non ti serve più.

La competizione? Via.

La convinzione che i consigli debbano adattarsi a te perfettamente senza bisogno di essere tradotti? Via.

L'abitudine di dividere le persone in categorie prima ancora di guardarle? Via.

Il rimpianto per quelle svolte che erano l'unico sentiero possibile per arrivare fin qui? Via.

Non devi portare questo peso nella prossima parte del tuo viaggio.

Prenditi un momento. Fai stretching. Elaborate ciò su cui hai appena lavorato.

La Parte IV riguardava il disapprendimento: lasciar andare attivamente una programmazione che, per cominciare, non è mai stata tua. Ha richiesto di accostare, aprire il bagagliaio e decidere cosa tenere e cosa lasciare indietro.

Hai fatto questo lavoro. Ed è importante.

Siete pronti a rimettervi in strada?

La Parte V è diversa. State per rientrare nel traffico — nell'ora di punta, a dire il vero. Tutti gli altri veicoli intorno a te, tutti quegli altri viaggiatori sull'autostrada.

Ma adesso? Adesso puoi vederli davvero.

Non come ostacoli. Non come competizione. Non come categorie in cui incasellarli.

Come persone. Come compagni di viaggio. Ognuno al centro del proprio percorso, proprio come tu sei al centro del tuo.

La Parte IV ha alleggerito il tuo carico. La Parte V vi mostra cosa succede quando guidate senza quel peso.

Andiamo.

Parte Cinque

ORA DI PUNTA

Di nuovo nel traffico, ma ora guardando tutti in modo diverso.

Capitolo 13

GUIDATORI, NON OSTACOLI

Fino a questo momento, hai mai guardato davvero il conducente dell'auto davanti a te?

Non solo un'occhiata fugace. Guardato sul serio.

Notato che probabilmente sta ascoltando musica che tu non puoi sentire. Magari canta. Magari è in ritardo per qualcosa di importante. Forse ha appena ricevuto una buona notizia. O una terribile. Forse sta pensando a un litigio avuto stamattina, o pianificando cosa dire a una riunione oggi pomeriggio, o chiedendosi se si è ricordato di spegnere i fornelli.

C'è tutta una vita che scorre dentro quell'auto. Un'esistenza completa fatta di preoccupazioni e speranze e persone che lo aspettano e problemi da risolvere e ricordi che lo fanno sorridere e ferite che ancora bruciano.

Ma tu non vedi nulla di tutto ciò.

Tu vedi: l'auto davanti a te. Va troppo piano. Ostacolo.

Benvenuto alla Parte cinque: Ora di punta

Sei uscito da quelle aree di sosta. Hai fatto il pesante lavoro di disimparare: la competizione, la trappola dei consigli, il rimpianto, la divisione.

Hai esaminato ciò che stavi trasportando e deciso cosa tenere e cosa buttare via.

Ora sei di nuovo in autostrada. Di nuovo nel traffico. L'ora di punta.

Ma qualcosa è cambiato. Perché dopo tutto quel lavoro interiore, puoi finalmente vedere qualcosa che prima non riuscivi a scorgere. Dobbiamo pensare in modo diverso.

Gli altri automobilisti non sono ostacoli. Non sono lo sfondo del paesaggio. Non sono statistiche sul traffico.

Sono persone.

Persone a tutto tondo. Con vite complete che sono reali, complesse e importanti per loro tanto quanto la tua lo è per te.

Questo è il passaggio dal vedere personaggi secondari attorno alla tua storia al vedere co-protagonisti nelle loro storie accanto alla tua.

La realtà degli NPC

Se hai mai giocato o guardato un videogioco, li hai visti. I personaggi che popolano il mondo intorno al protagonista.

Lo sceriffo fermo fuori dalla stazione di polizia. Ti avvicini, premi X e lui recita la sua battuta. Lo stregone nella tenda che ti vende quella strana pozione che ti servirà tre livelli dopo. I pedoni che camminano per strada senza andare in nessun posto particolare: sono lì solo per far sembrare viva la città. Movimento di sottofondo. Scenario.

Nella terminologia dei videogiochi, questi sono chiamati NPC — Non-Playable Characters. Non puoi controllarli. Non puoi essere loro. Esistono per supportare la tua missione o riempire lo spazio intorno a te mentre ti muovi nel mondo di gioco.

È così che percepiamo naturalmente la maggior parte delle persone che incontriamo durante la giornata.

La persona in coda al supermercato. Il guidatore tre macchine più avanti. Il cassiere che scansiona la spesa. Lo sconosciuto che ti passa accanto al centro commerciale.

È quasi impossibile mantenere simultaneamente la consapevolezza che ogni singola persona che incroci ha una vita completa. Le persone vengono ignora per una serie di ragioni dettate dai pregiudizi — non che siamo del tutto egoisti (anche se alcuni di noi lo sono a volte). È che loro sono il centro della propria vita proprio come te lo sei della tua. Che anche loro pensano a comprare i regali per i figli, a risparmiare per una vacanza, si preoccupano se si sono ricordati di chiudere la porta a chiave, aspettano solo di tornare a casa dopo il turno per prendersi cura dei propri cari.

Il barista che ti prepara il caffè non è solo una funzione per fare il caffè. Il guidatore che va troppo piano non è solo un ostacolo tra te e la tua destinazione. L'operatore del servizio clienti al telefono non è solo una voce che risolve o complica il tuo problema.

Ma è così che li percepiamo. Come NPC nel tuo gioco.

E non ci limitiamo a vederli così. Li trattiamo in quel modo.

Quando tutti aspettano in una tenda

Pensa all'ultima volta che hai preso un appuntamento per un servizio. Parrucchiere. Meccanico. Studio medico. Dentista.

Lo programmi. Ricevi la conferma. E poi la vita si mette in mezzo: il traffico è peggiore del previsto, una riunione va per le lunghe, non trovi parcheggio. Sei in ritardo di quindici minuti.

Ti senti un po' stressato. Magari ti scusi un po' quando finalmente entra.

Ma in fondo? Non sei così preoccupati. E a volte non lo sei nemmeno per loro, ma per non dare di te stessi l'immagine di una persona poco puntuale. Perché da qualche parte nella tua mente, loro ti stavano comunque aspettando.

Come lo stregone del videogioco nella tenda di cui parlavamo prima. Vagabondi per la foresta per venti minuti, trovi la radura nascosta, entra nella tenda misteriosa ed eccolo lì. Seduto lì. In attesa. Con lo stesso identico saluto ogni volta che vai a trovarlo.

«Ah, ti stavo aspettando.»

Certo che sì. È un NPC. Esiste in quella tenda, aspettando che tu abbia bisogno di lui. Non ha altri clienti. Non ha una vita che continua quando tu non ci sei. Quando esci dalla tenda e lo schermo sfuma, lui semplicemente... si congela lì. In attesa della tua prossima visita.

È così che inconsciamente pensiamo ai lavoratori del settore terziario senza nemmeno rendercene conto.

Ovviamente il parrucchiere non sta pensando al prossimo cliente o cercando di rispettare la tabella di marcia. È semplicemente... lì. Aspettando tu. Il meccanico non ha altre tre auto su cui lavorare oggi. Il personale dello studio medico non ha una sala d'attesa gremita, persone in ritardo e compagnie assicurative da chiamare.

Sono nella loro tenda. In attesa.

Solo che non è così. Hanno altri quattro appuntamenti oggi. Hanno una pausa pranzo che stanno cercando di salvaguardare. Hanno una figlia da andare a prendere a scuola alle 15:00. Hanno il loro stress per essere in ritardo perché anche l'ultimo cliente si è presentato dopo l'orario stabilito.

Ma tu non lo vedi. Non puoi vederlo. Perché nella tua storia, loro sono l'NPC apparso nel momento in cui ne avevi bisogno.

La prossima volta che vai al lavoro o al supermercato, scegli un tragitto breve di 10-15 minuti in auto. In quel lasso di tempo, non pensa alla vita degli altri: conta solo quante persone vedi in totale. Persone davanti a te, intorno a te a un semaforo. Dimentica le loro vite e conta solo il numero di persone che vedi. Ora rifletti sul numero arrivato a destinazione. Era 5? 10? 20? 50? Ed era solo un tragitto di 10 minuti. Sì, 50 protagonisti con le proprie fatiche, non NPC. Cinque al minuto.

Le persone che non invecchiano mai

Hai notato come alcune persone sembrino congelate a un'età specifica nella tua mente?

La persona che gestisce il negozio all'angolo vicino a casa tua. Quanti anni ha? Ci vai da anni, ma se qualcuno ti chiedesse se ne ha 35 o 55, onestamente non sapresti dirlo. Sono solo... persone del negozio all'angolo.

L'avvocato che vedi una volta all'anno. Il giardiniere che viene ogni due settimane. La persona in tintoria. Esistono all'età che avevano quando li hai incontrati per la prima volta, e rimangono di quell'età nella tua percezione anche se gli anni passano.

Questo è il pensiero da NPC. Non invecchiano perché non sono veri personaggi con storie in divenire. Sono funzioni. Ruoli. La persona che fa la cosa di cui hai bisogno.

Non pensi che abbiano compleanni. Che invecchino. Che abbiano a che fare con il mal di schiena che impedisce loro di sollevare cose pesanti ora. Sono statici. Parte della scenografia.

Non è colpa tua. È naturale. Questo schema si manifesta ovunque. Gli insegnanti dovrebbero avere a cuore gli studenti, non solo gestirli. I manager dovrebbero avere a cuore i propri team, non solo dirigerli. I CEO dovrebbero avere a cuore le proprie persone, non solo guidarle.

Ma quando vedi le persone come NPC, non le curate. Le gestisci. Le amministri. Le usa per la funzione che servono nella tua storia. Alcuni lo fanno apposta (sì, è triste), ma la maggior parte di noi lo fa inconsciamente.

Il feed dei social media degli NPC

Qualcuno posta della scomparsa del padre. Nel giro di pochi minuti, qualcuno commenta: «Sì, mi ricordo di MIO padre. Era così speciale per me.»

Qualcuno condivide la notizia del proprio fidanzamento. I commenti si riempiono di: «Questo rende ME così felice! Sono così felice per te ragazzi...»

Il loro momento. Il loro annuncio. Il loro dolore. La loro gioia.

E in pochi secondi, qualcuno l'ha reso un fatto che riguarda se stesso.

È il dirottamento dei commenti. Prendere la storia di qualcun altro e usarla come un palco su cui mettere in scena la propria narrazione.

Qualcuno ottiene una promozione al lavoro. Invece di festeggiare, qualcun altro risponde immediatamente: «Deve essere bello. Io sono qui da più tempo e non sono mai stato promosso.»

Il traguardo della collega promossa è diventato lo sfogo del suo collaboratore.

Qualcuno condivide qualcosa di cui è orgoglioso, un pasto che ha cucinato, un progetto che ha terminato, un traguardo raggiunto. Qualcuno deve commentare: «L'ho fatto anni fa. Era delizioso!»

Il momento di una persona è diventato il metro di paragone di un'altra.

La persona che ha postato non stava chiedendo storie parallele. Non stava cercando l'esperienza di qualcun altro. Stava condividendo il SUO momento.

Ma per chi commenta, quel post è solo contenuto. Solo un'altra finestra di dialogo di un NPC apparsa nel proprio feed. E le finestre di dialogo esistono per darti qualcosa a cui rispondere, giusto? Per darti una missione, per innescare la tua storia.

Perché in un feed pieno di NPC, le loro storie non contano in quanto storie. Contano come contenuti. Come opportunità. Come palcoscenico per la propria esibizione.

Quando tutti gli altri sono solo personaggi nel tuo gioco, i loro momenti esistono per servire la tua narrazione. Le loro lotte esistono per mostrare come te abbia lottato di più. Le loro gioie esistono per ricordare a tutti le tue gioie.

Il feed rinforza il pensiero da NPC più di ogni altro spazio. Perché non stai guardando persone. Stai scorrendo contenuti. E i contenuti esistono per essere consumati, per reagire e per renderli autoreferenziali. In fin dei conti, è il tuo feed, no?

Non sono persone che condividono le loro vite. Sono personaggi che offrono battute a cui puoi rispondere come vuoi.

Finché qualcosa non ti ricorda che non è così.

L'autista Uber a Città del Messico

Ero a Mexico City un venerdì sera. Il venerdì della paga. Se conosci Mexico City, sai cosa significa. L'intera città diventa un parcheggio. Tutti hanno soldi, tutti vanno da qualche parte e ogni strada è bloccata.

Dovevo andare all'aeroporto. Stavo tornando a casa dopo un viaggio di lavoro e i tempi erano stretti. L'app di Uber mostrava il percorso — il più breve in termini di minuti, ma nel traffico di Mexico City, se salti una svolta, l'intero viaggio può allungarsi di 20-30 minuti perché non puoi semplicemente tornare indietro. Sei bloccato nel caos.

Per prima cosa, l'autista è arrivato in ritardo a prendermi.

Poi, durante la corsa, ha mancato una svolta importante.

Ho guardato l'orario di arrivo previsto passare da 45 minuti a 60 minuti. Calcolavo l'arrivo, i tempi d'imbarco, le code ai controlli. Nel mio subconscio, l'autista non stava eseguendo correttamente la sua funzione. Era un addetto ai servizi che avrebbe dovuto portarmi lì in modo efficiente, e non lo stava facendo.

Poi il suo telefono ha squillato.

Ho sentito la voce di sua moglie dall'altoparlante. Poi lui ha risposto: «Scusa, cara. Sono bloccato nel traffico con un cliente. Arriverò non appena potrò.»

La risposta di lei: «Fai attenzione, tesoro. Dio ti benedica.»

Tutto qui.

Non era più solo un autista che aveva mancato una svolta. Era una persona che affrontava lo stesso caos che stavo affrontando io. Con una moglie che capiva che il traffico del venerdì della paga è impossibile. Che lo chiamava «tesoro», che diceva «Dio ti benedica» con pazienza invece che con frustrazione.

Dall'odore dell'auto, capii che fumava, così per rinfrescare l'aria (gioco di parole intenzionale), gli offrii una sigaretta in mezzo al caos. Si sentì sollevato. Mi disse che era rimasto senza sigarette e che ne moriva dalla voglia dalla pausa pranzo. Facemmo quattro chiacchiere per riempire il silenzio, niente di profondo in particolare. Ma entrambi ci sentimmo in qualche modo sollevati. Non arrivai così in ritardo per il mio volo — il ritardo extra ridusse solo il mio tempo di lettura al gate.

Non sto dicendo che quella telefonata mi abbia cambiato la vita o mi abbia rivelato qualche verità profonda. Sto dicendo che mi ha ricordato qualcosa che già sapevo ma che continuavo a dimenticare: questa persona ha una vita completa. Non sta solo eseguendo una funzione nella mia storia. Ha qualcuno a casa che tiene a lui. Ha la sua versione dello stress che provo io. Per lui, quella sera, io ero l'NPC. Io ero la sua decisione (accettare la mia richiesta di corsa sulla sua app) che ha finito per ritardare il suo rientro anticipato dalla moglie a casa.

Questo è ciò che intendo per NPC. Sappiamo intellettualmente che ognuno è una persona. Ma lo dimentichiamo costantemente. Soprattutto quando non si comportano come vorremmo nella nostra storia.

Tutti in questo traffico

Guardati intorno proprio ora. Sei in autostrada, nel traffico. Quante auto riesci a vedere?

Dieci? Cinquanta?

Ognuna ha una persona all'interno. Una persona a tutto tondo con una vita completa.

La persona sull'autobus non sta solo occupando spazio sulla strada. Sta andando in un posto che conta per lei — lavoro, casa, un appuntamento, qualcuno a cui vuole bene.

La persona che cammina sul marciapiede non è solo un pedone a cui devi fare attenzione. Sta affrontando qualcosa. Forse è preoccupata per i soldi. Forse è emozionata per un appuntamento stasera. Forse ha appena ricevuto una notizia che ha cambiato tutto.

L'adolescente con la felpa del college tre macchine più avanti non è solo un guidatore lento che sta imparando a destreggiarsi nel traffico. È stressato per l'esame di metà corso. Cerca di capire come integrarsi. Si chiede se qualcuno lo abbia notato oggi. Porta il peso di essere un adolescente in un mondo che pretende che sappia cosa vuole essere prima ancora di sapere chi è.

Ognuno di quelli che vedi sta lottando contro qualcosa. Ognuno sta cercando di capire qualcosa. Ognuno ha persone che dipendono da lui e persone da cui dipende.

Abbiamo bisogno di insegnanti che vedano i propri studenti come esseri umani, non solo come nomi di un elenco. Manager che vedano i propri team come persone, non solo come risorse. CEO che vedano i propri dipendenti come individui con vite proprie, non solo come funzioni in un organigramma.

Questo significa smettere di vedere NPC e iniziare a vedere persone.

La lente magica che mostra le loro storie

Immagina per un secondo di indossare degli occhiali per la realtà aumentata. Ma speciali: hanno la caratteristica unica che, guardando qualsiasi persona, vedresti la locandina di un film fluttuare sopra la sua testa — la locandina del suo film preferito di sempre.

Stai camminando nel centro commerciale. Sopra la testa di una persona: *Le ali della libertà*. Un'altra: *Star Wars*. Qualcun altro: *Il Padrino*. Quel ragazzino là: *KPop Demon Hunters*.

Ora immagina di vedere qualcuno con il TUO film preferito sopra la testa.

Cosa faresti?

Probabilmente sorrideresti. Forse ti avvicineresti persino. «Non ci credo, è anche il mio preferito!» Improvvisamente hai qualcosa di cui parlare. Una connessione. Un motivo per vederlo come una persona reale invece di un semplice altro acquirente che ti intralcia.

C'è bisogno di almeno una cosa in comune per formare una comunità — qualcosa di condiviso che renda entrambi membri dello stesso gruppo invisibile. Queste lenti magiche si trasformano ora in generatori di comunità.

Prendi il film *L'arte di vincere* (*Moneyball*), per esempio. Se vedessi qualcuno con la locandina di *Moneyball* che gli fluttua sopra la testa, vorrei parlargli immediatamente. Perché quel film mi dice qualcosa di lui. Apprezza l'analitica. Ama il baseball. È attratto dalle storie di rottura e da chi va contro la saggezza convenzionale. Probabilmente ha apprezzato l'alchimia tra Brad Pitt e Jonah Hill. Quel singolo film rivela intere dimensioni di chi è (sì, questo è il mio film preferito, ed è per questo che gli ho dedicato 8 frasi quando 3 sarebbero bastate).

Ogni persona ha interessi speciali, paure, sogni e ricordi. Cose che la fanno ridere. Cose che non la fanno dormire la notte. Storie che racconta a se stessa su chi è.

Ma non puoi vedere nulla di tutto ciò quando sei nel traffico. Vedi solo un'auto. Un ostacolo. Un NPC che ti blocca la corsia.

La persona davanti a te che va esattamente al limite di velocità? Forse ha appena riavuto la patente dopo averla persa. Forse ha un bambino che dorme sul sedile posteriore. Forse sta accompagnando il genitore anziano a una visita medica e teme ogni movimento brusco.

Il guidatore aggressivo che fa lo slalom tra le corsie? Forse ha appena ricevuto una chiamata che dice che suo figlio è al pronto soccorso. Forse sta per perdere il volo. Forse è semplicemente un guidatore aggressivo — ma anche questo è dovuto a qualcosa nella sua storia, a una combinazione di esperienze e pressioni che lo portano a guidare in quel modo.

Non hai occhiali magici per la realtà aumentata. Non puoi vedere i loro film preferiti o i loro mondi interiori.

Ma ora puoi ricordarti che esistono. E una volta fatto, si aprono ogni sorta di interessanti possibilità.

Sfuggire alla mentalità da NPC

La persona in palestra che cacciava la gente fuori dall'inquadratura della sua telecamera? Vedeva degli NPC.

Quelle risse negli stadi di cui abbiamo parlato. Due persone che rischiano tutto, vedendosi l'un l'altro come combattenti avversari. NPC da sconfiggere.

Persone con orari serrati a Disney, che corrono da una giostra all'altra. Erano NPC durante la tua visita, per farti sentire rilassati perché loro sembravano stressati.

Le persone stupide che vuoi sorpassare in coda. NPC programmati per frustrarti.

L'auto che ti ha tagliato la strada senza freccia. Un NPC con una cattiva programmazione.

La persona che ti ha soffiato il parcheggio. Un NPC che ruba le tue risorse.

Ogni esempio riguardava qualcuno che dimenticava che gli altri non sono NPC.

L'autista Uber nel traffico di Mexico City me lo ha ricordato sul colpo. Non perché io sia diventato illuminato, ma perché ho avuto uno scorcio dietro l'NPC e ho visto la persona che rispondeva a quella telefonata.

E una volta che lo vedi, non puoi ignorarlo del tutto.

Dimenticherai. Scivolerai di nuovo nella modalità NPC. Ti sentirai frustrati per il guidatore lento. Sarai infastidito dal lavoratore in ritardo e dimenticherai che ha avuto altri tre clienti prima di te.

È normale. È umano.

Non c'è esame per riuscire a sorreggere l'intera umanità di ognuno nella propria testa in ogni momento. È impossibile. 30.000 persone a un concerto? Non puoi vedere tutte le loro vite simultaneamente. Non puoi renderti conto di tutti i loro piani individuali che hanno dovuto completare per partecipare a quel concerto. Che metà di loro ha viaggiato da un'altra città per essere lì — aerei, hotel, trasporti, tutto. Ha speso i risparmi di una vita. Ha ricevuto il viaggio come regalo di laurea. Non puoi mantenere la consapevolezza che ogni singola persona in quell'arena ha le proprie speranze, paure e persone che l'aspettano.

Non c'è esame nemmeno per quanto velocemente ti accorgi di scivolare di nuovo nella modalità NPC. Scivolerai. Dimenticherai. Tratterai qualcuno come uno scenario, un ostacolo o una funzione.

E poi qualcosa te lo ricorderà. Un istante di contatto visivo. Una consapevolezza che ti colpisce in mezzo al caos del traffico.

Non NPC, ma co-protagonisti nelle loro storie, che guidano accanto alla tua sulla stessa autostrada.

Questo è il cambiamento. Non la perfezione. Solo la consapevolezza a cui puoi tornare quando te ne ricorda.

E a volte, questo basta a trasformare un ritardo frustrante in una sigaretta condivisa nel mezzo del caos.

Capitolo 14

LA PRECEDENZA CHE CONCEDI

Quindi, una volta che si inizia a vedere le persone come tali invece che come PNG, cosa farsene di questa consapevolezza?

Il solo riconoscimento non cambia molto. Si è bloccati nel traffico dell'ora di punta insieme a tutti gli altri. Qualcuno sta cercando di immettersi dall'uscita di un benzinaio qualche auto più avanti. È chiaramente bloccato, il muso della sua auto avanza di pochi centimetri ogni volta che si crea un varco, ma nessuno lo lascia passare.

Si può riconoscere che quella persona ha una sua vita piena, i suoi motivi per essere lì, il suo stress per il ritardo — e continuare comunque a rifiutarsi di lasciarla immettere perché si ha la precedenza. «Umpf!»

Il riconoscimento senza l'azione non cambia nulla.

I giapponesi hanno una parola per il passo successivo: *omoiyari*. È qualcosa di più profondo dell'empatia. È anticipare i bisogni di qualcuno senza che debba dire nulla. Rispondere con una cura silenziosa e premurosa. Piccole cortesie non dette che dimostrano che non sei solo consapevole dell'esistenza degli altri, ma che stai attivamente creando spazio per loro.

Non grandi gesti. Non gentilezza ostentata per i social media. Solo atti sottili che mostrano un profondo rispetto e sensibilità verso gli altri.

Comprendere l'empatia e la simpatia

Alcuni usano questi termini come sinonimi. Non sono la stessa cosa, e la differenza conta quando parliamo di *omoiyari*.

La simpatia è una risposta emotiva: «Oh, è così triste. Mi dispiace per te». È sentirsi male per la situazione di qualcuno. Valida il suo dolore, fa sentire ascoltati, ma non porta necessariamente da nessuna parte.

L'empatia è comprensione: «Perché è successo? Si può sistemare?». È mettersi nei panni dell'altro abbastanza profondamente da vedere potenziali soluzioni. Ci si preoccupa abbastanza da voler cambiare la situazione, non solo riconoscerla.

Quando qualcuno ci dice che sta attraversando un momento difficile, la simpatia dice: «Deve essere dura». L'empatia dice: «Cosa potrebbe aiutarti in questo momento?».

Una offre conforto. L'altra si offre di affrontare la causa.

Entrambe hanno il loro posto — a volte le persone hanno solo bisogno di essere ascoltate e comprese. Ma se l'auto di qualcuno si ferma sul ciglio della strada, un «mi dispiace tanto per quello che ti è successo» non lo farà ripartire. Un «ti servono i cavi o un passaggio?» sì.

Le persone a volte hanno bisogno di sentirsi confortate prima di considerare delle soluzioni. È legittimo.

L'omoiyari tende verso l'empatia — anticipa i bisogni e agisce di conseguenza. È empatia in movimento. Empatia che non aspetta di essere richiesta.

Si potrebbe tirare dritto oltre quell'auto che cerca di immettersi. Si ha la precedenza. Si è già in ritardo.

Oppure ci si potrebbe fermare. Creare spazio. Farle cenno di passare. Non è debolezza. È una mossa intelligente.

Ci ruba tre secondi. Cambia i suoi prossimi cinque minuti.

Questo è *omoiyari*. Non perché si è santi, ma perché ci si ricorda come ci si sente a essere bloccati, guardando tutti che fingono di non vederci.

Qualcuno ti fece passare, una volta. Quindi lasci passare qualcun altro. Senza aspettarti gratitudine. Solo creando spazio.

Si pensi ai parcheggi. Quando si compra un'auto nuova, si parcheggia lontano da tutti gli altri per proteggere le proprie portiere dalle ammaccature. È autoconservazione.

Ma c'è un'altra versione: parcheggiare lontano in modo che la persona accanto a te abbia spazio per aprire la portiera senza preoccupazioni. Stesso comportamento, motivazione diversa. Uno riguarda il proteggere se stessi. L'altro riguarda il creare spazio per qualcun altro.

Questo è *omoiyari* in un parcheggio.

Il terzo hamburger a Roma

Una volta io e mia moglie eravamo in vacanza a Roma per festeggiare il nostro anniversario. Ricordo che un giorno eravamo troppo stanchi per uscire a pranzo. Alloggiavamo all'IQ Hotel e c'era un McDonald's all'angolo tra Via Firenze e Via Nazionale (scoprii poi che lo avevano spostato una via più avanti), ad appena tre isolati dall'hotel. Così le suggerii che forse potevo fare un salto fuori a prenderci qualcosa da mangiare.

Non per vantarmi, ma il mio italiano era piuttosto buono per gran parte del viaggio — avevo studiato intensamente per circa due mesi prima di partire. A una fermata dell'autobus, riuscii persino a dare indicazioni in italiano a un turista di Palermo che stava visitando la città direttamente dalla Sicilia; mia moglie non poteva credere alla scena (e nemmeno io, perché lui mi *aveva* capito per davvero).

Così, quando entrai nel ristorante, feci l'ordinazione con sicurezza. Dopo aver pagato ed essere uscito dalla porta, mi resi conto di avere tre hamburger nel sacchetto. Avevo fatto confusione — il mio italiano imperfetto mi aveva portato a ordinare tre hamburger invece di due. Sorrisi. Ora avevo una storia divertente da raccontarle in hotel sul mio italiano così «sicuro».

Ma quando uscii, c'era un senzatetto seduto fuori con il suo cane.

Gli porsi il terzo hamburger.

Non ne feci un caso. Non feci un video. Non lo pubblicai sui social.

Glielo porsi e basta. Mi ringraziò. Feci un cenno col capo e iniziai a camminare.

Poi mi guardai indietro.

Ne stava dividendo metà con il suo cane.

La pura verità su questo? Mi fece sentire davvero, davvero bene. E amai quella sensazione. Quella sensazione era per me — niente video, niente telecamere, nessuna convalida da parte di nessun altro — era mia.

(Vederlo dividerlo con il suo cane, per me che amo i cani, fu la ciliegina sulla torta).

È così che voglio vivere. Provando quelle sensazioni.

Forse dal tuo posto passeggero questo è etichettato come egoismo. Ma per me è una sensazione meravigliosa che ora cerco sempre di replicare ogni volta che è possibile. Come dice un caro cugino:'«se l'economia familiare lo permette».

Perché è questo che l'*omoiyari* diventa nella pratica. Non il grande gesto. Non l'atto di carità documentato. Solo comprare un hamburger in più e porgerlo a qualcuno che ne ha più bisogno di te. La maggior parte delle volte c'è persino un'offerta promozionale a basso costo alla cassa per rendere la cosa più semplice.

Non dico questo per mettermi in mostra o per ricevere lodi. Scrivo queste cose per invitarti a fare lo stesso. Questi piccoli gesti rendono migliore la nostra comunità. Per esempio, ora tengo delle bottiglie d'acqua in macchina come i vecchi Uber. Due o tre nuove. Alle fermate ai semafori, quando qualcuno si avvicina chiedendo dei soldi o anche solo per pulire il parabrezza — o semplicemente venditori ambulanti — invece di dare loro degli spiccioli, o in aggiunta a quelli, porgo una bottiglia d'acqua. Soprattutto nelle giornate di sole."

Amano la bottiglia d'acqua.

Oggi mia moglie mi spinge a farlo anche a casa, con ogni consegna di cibo o pacchi. Specialmente quelli in moto, che sudano dentro il casco. C'è sempre una bottiglia d'acqua da 500ml in frigo per loro.

Vedi un senzatetto fuori dal minimarket? Magari comprare una bibita in più mentre esci e consegnargliela renderebbe la sua giornata migliore rispetto a lasciargli qualche moneta nel bicchiere.

Piccole cose. Ma si sommano.

Scegliere quando si hanno le energie

Una volta che presti attenzione ai bisogni inespressi degli altri, non puoi smettere di notarli.

La persona che fatica con una porta pesante. La famiglia che cerca di decifrare la mappa della metropolitana. L'anziano che non riesce a raggiungere l'articolo sullo scaffale in alto.

E devi scegliere. Perché non puoi aiutare tutti, ogni volta.

Il che significa che a volte vedrai qualcuno che ha bisogno di aiuto e tirerai dritto perché sei al limite e non puoi farti carico di un'altra cosa.

E va bene così.

Non c'è esame per essere infinitamente disponibili con tutti. *Omoiyari* non significa sacrificarsi costantemente.

Significa prestare attenzione quando ne hai la capacità. Agire quando puoi. Creare spazio quando non ti costa nulla o comunque qualcosa di gestibile.

A volte la cosa più empatica che puoi fare è riconoscere che sei esausto e hai bisogno di preservare le tue energie per le persone nella tua vita immediata che dipendono da te.

La chiave è essere onesti con se stessi: sono davvero al limite o semplicemente non voglio essere disturbato?

C'è differenza tra «non ho davvero le forze» e «non ne ho voglia».

Uno è autoconservazione. L'altro è solo egoismo.

E a volte non saprai quale dei due sia fino a più tardi. Va bene anche questo. Non farai la cosa giusta ogni volta.

La questione dei piccoli gesti

L'*omoiyari* non riguarda grandi dimostrazioni di gentilezza. Non riguarda il farsi eroe della storia di qualcun altro.

Riguarda i minuscoli accorgimenti che prendi perché stai prestando attenzione.

Tenere la porta a qualcuno che trasporta scatole — ma senza fargli fretta mentre la tieni.

Spostare la borsa dal sedile libero quando il treno si riempie — prima ancora che qualcuno debba chiedertelo.

Abbassare la musica quando noti qualcuno vicino a te che cerca di concentrarsi.

Offrire il posto lato corridoio a qualcuno più alto quando sei in aereo e sei abbastanza basso da non dare troppa importanza allo spazio per le gambe.

Chiedere al collega se gli serve qualcosa dal bar quando ci stai già andando — non perché stai cercando di essere gentile, ma perché ci vai comunque e portare due drink invece di uno non ti costa nulla.

Questi momenti non ti fanno guadagnare punti. Nessuno tiene il conto. Non c'è esame per quanto spesso anticipi i bisogni altrui.

Ma cambiano la trama della vita quotidiana. Per te e per loro.

Ora sei costantemente consapevole delle persone che ti circondano.

Tutti intorno a te.

Tutti.

Intendo ogni singola persona che vedi... dal minuto in cui ti sei svegliato.

(Hai colto il suggerimento?)

Sì, anche a casa.

Ecco il punto principale del capitolo: anche il tuo partner non è un NPC.

Non è lì per ricoprire il ruolo del tuo partner. Ha una vita, desideri, obiettivi, sogni — non per te, ma suoi. E a volte, se sei fortunato, quei sogni includono TE nell'immagine.

L'*omoiyari* con il partner è: ordinare la sua bevanda preferita senza che la chieda. Cambiare la carta igienica prima che finisca — non lasciandogli gli ultimi pezzi così da costringerlo a cambiarla. Riempire la sua bottiglia d'acqua quando vedi che è vuota. Mettere in carica il suo telefono quando noti che ha la batteria scarica. Spostare le chiavi dell'auto dove possa vederle quando sai che è in ritardo.

Piccole anticipazioni che mostrano:'«Sto prestando attenzione alla tua vita, non solo alla mia».

Questo è *omoiyari*.

O come direbbe Dean Martin,'«*that's* amore».

Non aspettare che ti chieda aiuto. Non tenere il conto. Non c'è un esame su chi fa di più. Solo notare quando l'altro è sopraffatto e agire prima che debba richiedere supporto.

È questo che fa sentire le relazioni come collaborazioni invece che come negoziazioni.

Se non hai una relazione, guarda ai tuoi genitori. Non sono qui solo per provvedere a te (un riferimento al *cliché* del bancomat).

L'omoiyari con i propri genitori è: portarli fuori a cena, offrendo, solo perché ci va. Chiamarli per condividere qualcosa di divertente che ci è successo, non solo quando si ha bisogno di qualcosa. Presentarsi per aiutarli con quella cosa che hanno rimandato, senza aspettare che ce lo chiedano.

Piccoli gesti che dicono: «Ricordo che esisti come persone, non solo come coloro che mi hanno cresciuto». Sono persone. Anche loro hanno una lista di desideri.

Hai mai chiesto loro della loro lista? C'è qualcosa su di essa che potresti realizzare senza che ti venga chiesto?

Se ci sono ancora, dovresti condividere di più con loro. E non solo il debito sulla tua carta di credito.

Anticipare prima che venga chiesto

Stai controllando lo specchietto retrovisore. Vedi un'auto dietro di te che si avvicina rapidamente. Non aspetta che ti lampeggi come se fosse la sirena di un'ambulanza. Cambia semplicemente corsia prima che debba segnalare, perché sei consapevole che qualcuno ha fretta e puoi anticiparlo.

Guidando in autostrada incontri improvvisamente un ingorgo. Accendi le quattro frecce come precauzione. Non c'è una regola del codice della strada che lo imponga, ma stai pensando alla persona dietro di te che forse non ha notato che il traffico davanti è fermo. Certo, è anche per la tua sicurezza, ma anche questo è *omoiyari"*— anticipare ciò che qualcun altro potrebbe aver bisogno di sapere prima che capisca di averne bisogno.

Piccoli momenti in cui crei spazio senza annunciarlo.

E gradualmente, la tua strada cambia. Non perché il traffico

migliori, ma perché stai partecipando attivamente a renderlo leggermente meno conflittuale per tutti i coinvolti.

Non si corre più. Non si gareggia. Si coesiste e basta. Si anticipa. Si
crea spazio.

È questo che fai con la consapevolezza che gli altri non sono NPC.

Guidi come se contassero. Perché contano.

E non c'è esame per quante volte te ne ricordi. A volte te ne dimenticherai. Sarai stressato e risponderai male a qualcuno che non lo meri-
tava. Avrai fretta e non creerai spazio quando avresti potuto farlo.

È normale.

Ma le volte in cui te ne ricordi? Quei momenti in cui ti fermi e crei
spazio e la giornata di qualcuno diventa leggermente più facile perché
stavi prestando attenzione?

Quelli si sommano.

Non su una pagella ufficiale. Non per un voto.

Solo chilometri sul contachilometri di tutti. Incluso il tuo.

E a volte quel gesto silenzioso di anticipare il bisogno di qualcuno
senza che debba chiedere diventa il momento che ricorderà anni dopo
ripensando al suo tragitto.

La persona che la lasciò immettere. Lo sconosciuto che le tenne la
porta. Il momento in cui qualcuno la vide in difficoltà e la aiutò senza
farne un palcoscenico.

Forse tu non ricorderai di averlo fatto.

Ma loro ricorderanno che qualcuno lo fece.

E forse la prossima volta creeranno spazio per qualcun altro.

Non perché stiano cercando di ricambiare o di bilanciare un
qualche registro cosmico.

Solo perché ricordano come ci si sente quando qualcuno anticipa i
propri bisogni e risponde con una cura silenziosa e premurosa. L'amicizia è tutto quando sei in un lungo viaggio.

Questo è *omoiyari*.

Questa è l'arte di vedere gli altri.

Ed è ciò che fa sentire l'autostrada un po' meno come una competizione e un po' più come un viaggio condiviso, anche quando siamo
tutti bloccati in questo ingorgo.

Capitolo 15

I SEGNALI DI STOP ESISTONO PER UNA RAGIONE

D'accordo, non c'è esame. Non c'è un sistema di valutazione. Non c'è nessuna competizione da vincere. Non c'è un giudice che valuta il tuo percorso rispetto a quello di chiunque altro.

Ma ci SONO delle regole. Le regole sono un bene. Benvenuto nel mondo reale: ha delle regole e ignorarle non le fa svanire.

Prima che pensi che io abbia appena contraddetto l'intera premessa del libro, lasciami spiegare. Esistono le leggi del traffico. Semafori rossi. Limiti di velocità. Segnali di stop. Segnaletica orizzontale. Non sono lì per dare un voto alla tua prestazione o per classificarti rispetto agli altri conducenti. Sono lì affinché non ci scontriamo l'un l'altro.

Puoi prendere qualsiasi strada voglia. Puoi andare alla velocità che preferisci. Puoi cambiare corsia quando ne hai bisogno. Ma non puoi passare con il rosso o sfrecciare negli incroci perché «non c'è un esame». Quella non è libertà: è caos.

La pretesa di avere diritto a tutto

C'è chi dice che questa pretesa, specialmente sui social media, sia generazionale. Ma non è un tratto specifico di un'età. Lo stiamo facendo tutti, inconsciamente o meno. Ognuno è il protagonista della propria storia (e lo siamo davvero). Ma alcune persone non riescono a sopportare quando la storia di qualcun altro prende il centro della scena per cinque minuti. Se loro sono i protagonisti, tu dovresti essere lo sfondo. Quando pubblichi qualcosa sulla TUA vita, loro sentono di essere stati declassati a personaggi secondari.

Quindi dirottano il momento. Reindirizzano l'attenzione. Trasformano il tuo post in qualcosa che riguarda loro. E il punto è questo: non sanno che noi lo sappiamo. Non si rendono conto che possiamo vedere attraverso questo depistaggio.

Hai assolutamente il diritto di vivere la tua vita. Pubblica la tua colazione. Condividi i tuoi successi. Celebra i tuoi traguardi. Ma non hai il diritto di invadere il momento di qualcun altro e pretendere la stessa attenzione.

Se qualcuno sta festeggiando, lasciatelo festeggiare. Se qualcuno è in lutto, lasciatelo soffrire. Se qualcuno condivide una gioia, non rispondi con il tuo curriculum di gioie superiori. Regole non scritte.

Non perché ci sia un esame su quanto sii di supporto, ma perché ci SONO persone su questa autostrada, e hanno diritto ai loro momenti proprio come te hai diritto ai tuoi.

Le regole non scritte

Vince la squadra del cuore di qualcuno? Lascia che se la goda. Non insultare i giocatori della squadra perdente. Non passi immediatamente a dire: «Beh, la MIA squadra ha vinto più campionati». Il loro momento non riguarda tu.

Qualcuno riceve un aumento di stipendio? Festeggiatelo. Non pensa: «Perché a lui e non a me?». Non stanno togliendo quell'aumento dal tuo stipendio. Il loro successo non ha sottratto nulla alla tua busta paga. «Lascia» che se lo godano.

Qualcuno condivide qualcosa di cui è orgoglioso? Lascia che sia orgoglioso. Non c'è bisogno di superarlo. Non c'è bisogno di criticare. Non c'è bisogno di ricondurre tutto a te stessi. Non c'è esame su chi sia più orgoglioso.

«L'unica occasione che giustifica il guardare qualcuno dall'alto in basso è mentre lo si sta aiutando a rialzarsi.»

— NEIL DEGRASSE TYSON, STARRY MESSENGER, 149.

Questo vale anche per il sminuire i momenti altrui. La grandezza dei tuoi traguardi è relativa solo a te, non a loro. Le tue emozioni sono relative solo a te, non a loro. Non devi sminuire le azioni di qualcun altro solo perché pensi che le tue siano migliori. Non sei superiore a loro per emozioni o possedimenti.

Non perché venga valutati sulla gentilezza (non è così), ma perché stai condividendo l'autostrada con altri esseri umani che sono anch'essi al centro della propria vita. E la loro vita merita lo stesso rispetto che ti aspetta per la tua. Le loro scelte. I loro momenti. Persino la loro libertà:

La lezione di Cecilia Giménez

Anni fa, potresti aver sentito parlare di questo caso. Una restauratrice dilettante di nome Cecilia Giménez cercò di restaurare il dipinto *Ecce Homo* nella chiesa del suo paese. Le cose andarono male. Molto male. Internet esplose. Meme ovunque.

Ma poi accadde qualcosa di più cupo: la gente pretese che affrontasse accuse penali. Volevano che fosse perseguita. Alcuni volevano che fosse rinchiusa.

In prigione.

Per un restauro malriuscito di un dipinto.

Pensateci. Persone che sostenevano di amare l'arte, che pubblicavano all'infinito sull'importanza di preservare la cultura e rispettare la storia, erano disposte a distruggere la libertà di un essere umano per un dipinto.

Capisco che l'arte abbia un valore. Capisco che la conservazione culturale sia importante. Ma il desiderio di punire la vita di qualcuno, di dare più valore a un dipinto che alla sua libertà, mi è sembrato folle.

Mi ha fatto riflettere su ciò che apprezziamo davvero quando diciamo di apprezzare l'arte:

Se vedessi al Louvre una copia perfetta della *Monna Lisa*, indistinguibile dall'originale, non proveresti «la stessa cosa» sapendo che si tratta di una replica. Perché? Voglio dire, l'esperienza visiva è identica. La tecnica, la composizione, i colori: c'è tutto.

Diamo valore al fatto che sia stata realizzata da un essere umano. Al fatto che le mani vere di Leonardo da Vinci abbiano toccato quella tela secoli fa.

Oggi, con l'intelligenza artificiale generativa, si possono creare opere d'arte magnifiche in ogni stile. Tecnicamente impeccabili. Esteticamente sbalorditive. Ma non le lodiamo allo stesso modo, ovviamente, perché sono state generate da un modello di AI.

Sto iniziando a credere seriamente che non apprezziamo davvero l'opera d'arte in sé. Apprezziamo senz'altro gli esseri umani capaci di creare arte con le proprie mani, ma non il prodotto finale di per sé.

Quindi, quando la gente ha preteso che Cecilia finisse in prigione, ha rivelato qualcosa: il loro attaccamento a quel dipinto, di cui la maggior parte non sapeva nulla fino a una settimana prima, contava più della sua umanità. Era diventata un NPC nella loro storia sulla protezione dell'arte. Un cattivo da punire. Un simbolo da usare per dare l'esempio.

Aveva 81 anni quando è successo l'incidente. Prestava il suo tempo come volontaria per aiutare la sua chiesa. Non ne ha tratto profitto. Non ha vandalizzato nulla. Ha solo... fallito in qualcosa che aveva tentato in buona fede.

La pratica delle tre auto

Ecco qualcosa di pratico che farai a partire da oggi.

Durante la tua giornata: lascia che tre auto si immettano davanti a tu.

Non due. Non cinque. Tre.

Perché proprio tre? C'è una psicologia dietro a questo. Quando i negozi vendono le uova a dozzine, le persone imparano a comprarne dodici. Non undici. Non tredici. Il numero diventa lo standard. Nel marketing si chiama effetto ancoraggio. Il primo numero che incontri diventa il tuo punto di riferimento.

La teoria dei nudge (la spinta gentile) ci mostra che suggerimenti piccoli e specifici cambiano il comportamento in modo più efficace rispetto a suggerimenti vaghi. «Sii gentile» non resta impresso. «Lascia passare tre auto» sì.

E c'è anche il principio di scarsità all'opera. Tre sembra gestibile, non infinito. È abbastanza per essere intenzionali, ma non così tanti da sembrare un peso che smetterai di portare avanti dopo una settimana.

Tre auto durante l'intero tragitto. Tre piccoli gesti durante la giornata. Tre momenti in cui create spazio per qualcun altro.

Non perché ci sia un esame sulla gentilezza quotidiana. Ma perché la pratica cambia qualcosa dentro di te.

Quando lascia passare le tre auto, non stai solo aiutando loro, stai ricordando a te stessi che non sono dei NPC. Hanno un posto dove andare. Sono stressati per il ritardo. Avevano bisogno di quello spazio che hai appena creato.

Questo non è solo per loro. È per te. È l'esercizio di consapevolezza che ti impedisce di scivolare nuovamente nel pensiero da NPC, dove tutti intorno a te sono solo scenografia del tuo tragitto casa-lavoro.

Tre. Non quattro. Non sette.

Non perché sia un numero magico, ma perché è abbastanza specifico da essere ricordato e abbastanza piccolo da essere fatto davvero.

Alcuni giorni ti dimenticherai e ne farai solo una. Ma quando te ne ricorderai, quando creerai consapevolmente spazio per tre volte durante la giornata, sarà allora che l'autostrada smetterà di sembrare una competizione e inizierà a sembrare una comunità di persone che cercano di arrivare da qualche parte. E io sarò lì per te, perché anche tu sei lì per me.

Tre auto. Tre gesti. Tre momenti di riconoscimento in cui il percorso di qualcun altro conta quanto il tuo.

Inizia oggi.

Il duro ossimoro

«Ci tengo abbastanza a te da non interessarmi alla tua vita quotidiana.»

Sembrava quasi cattivo, vero? In realtà è l'esatto opposto.

La felicità non consiste nel preoccuparsi di sentirsi superiori agli altri o nel farli sentire inferiori a te. Non è relativa. La felicità è vivere la propria vita senza il bisogno di misurarla rispetto al cruscotto di chiunque altro.

Ci tengo abbastanza a te da volere che tu viva bene. Ci tengo abbastanza da rispettare il tuo percorso. Ci tengo abbastanza da lasciarti fare le tue scelte e celebrare i tuoi successi.

Ma non ho bisogno e non voglio monitorare la tua vita. Non ho bisogno di competere con i tuoi traguardi. Non ho bisogno della tua convalida sul mio percorso o del tuo permesso per intraprendere il mio.

Non è indifferenza. È rispetto.

Il formicaio

Le formiche seguono delle regole. Non perché ci sia una polizia delle formiche che valuta la loro prestazione, ma perché la colonia sopravvive solo quando tutti rispettano il sistema.

Nessuna formica pretende il cibo migliore. Nessuna formica dirotta il percorso di un'altra per attirare l'attenzione su di sé. Nessuna formica si rifiuta di contribuire pensando: «Cosa ne ricavo io?». Non si sacrificano per ottenere riconoscimento o lode. Seguono semplicemente le regole collettive che mantengono operativa la colonia.

Noi siamo più intelligenti delle formiche. Possiamo interrogarci. Possiamo chiederci: «Perché dovrei seguire queste regole?». Possiamo calcolare se rispettare il momento di qualcun altro serva ai nostri interessi. Possiamo decidere che il nostro bisogno di attenzione sia più importante del diritto di qualcun altro al proprio successo.

Ma forse questo non è il vanto che pensiamo che sia.

Se condividiamo questa autostrada, questo ingorgo, se viviamo insieme su questo pianeta, non solo dobbiamo, ma vogliamo seguire le nostre regole. Non perché ci sia un esame sul rispettarle, ma perché senza di esse siamo solo milioni di individui che si scontrano costantemente. Le regole aiutano a gestire il divertimento.

Le formiche lo hanno capito. Dovremmo farlo anche noi.

Le regole non ti stanno dando un voto

Le leggi del traffico non giudicano il tuo percorso. Si assicurano solo che non vada a sbattere contro qualcuno mentre lo percorri.

Lo stesso vale per queste regole sul rispetto degli altri. Non stanno misurando la tua prestazione come esseri umani. Non ti stanno classificando in una tabella della gentilezza. Lo so, sembra ingiusto. Ma ai semafori rossi non importa dei tuoi impegni. Stanno solo dicendo: il tuo percorso è tuo, il loro percorso è loro, ed entrambi possono coesistere senza collisioni se rispetta lo spazio tra di te.

Non devi essere perfetto in questo. Ti è concessa la rabbia al volante. Ti è concessa la frustrazione quando qualcuno ti taglia la strada. Ti è concesso di non essere sempre dell'umore giusto per far immettere gli altri.

Ma quando vuoi fare i furbi e cerca di saltare la fila, per poi chiedere il permesso all'auto davanti di inserirti ed entrare in autostrada; quando trasformate il momento di qualcuno in qualcosa che riguarda tu; quando pretendete attenzione come fosse un diritto invece di guadagnarvela attraverso una connessione autentica; quando tratta le persone come NPC nella tua storia invece che come protagonisti nella loro... ebbene, quelle non sono violazioni di un esame, sono violazioni delle regole non scritte di cui stiamo discutendo qui, che ci permettono di condividere questa autostrada senza collisioni continue.

La preghiera della Gestalt

Fritz Perls, il fondatore della terapia della Gestalt, scrisse una dichiarazione che probabilmente dovrebbe essere stampata sui cartelli autostradali:

Io faccio la mia cosa e tu fai la tua.

Non sono a questo mondo per soddisfare le tue aspettative,

E tu non sei a questo mondo per soddisfare le mie.

Tu sei tu, e io sono io.

Se per caso ci incontriamo, è bellissimo.

Altrimenti, non c'è nulla da fare.

Manco di amore per me stesso

quando, nel tentativo di piacerti, tradisco me stesso.

Manco di amore per te

quando cerco di farti essere come io voglio che tu sia

invece di accettarti così come sei veramente.

Tu sei tu, e io sono io.

— FRITZ PERLS

Tutto qui. Questa è l'intera filosofia in dodici righe.

Tu prendi il tuo percorso. Io prendo il mio. Se le nostre strade si incrociano e viaggiamo insieme per un po', fantastico. Altrimenti, va bene lo stesso.

Ma mentre condividiamo l'autostrada? Seguiamo le regole. Rispettiamo gli spazi reciproci. Lasciamo che le persone abbiano i loro momenti. Non passiamo con il rosso dando per scontato che tutti gli altri si adatteranno a noi.

Non c'è un giudice che osserva per vedere se sei abbastanza bravi.

Ma ci SONO delle persone. E non sono decorazioni sul tuo percorso. Si trovano sui propri percorsi, e quei percorsi sono reali quanto il tuo.

Rispetta le regole. Non perché sarai valutato per questo, ma perché è così che arriviamo tutti a destinazione senza distruggerci a vicenda lungo la strada.

Parte Sei

LA STRADA APERTA

L'autostrada si apre dinanzi a noi, guidando alla propria velocità.

Capitolo 16

OGGI È IL 100% DEL TUO TRAGITTO

Durante il mio quarantacinquesimo compleanno, ricordo di essermi sentito sinceramente orgoglioso. Non perché avessi completato una qualche lista di obiettivi o raggiunto un traguardo particolare. Ma perché pensavo, con ottimismo, di essere al culmine della mia vita. Nel mezzo. A metà strada.

Mi chiedevo: «Mi sento vecchio?». Nemmeno per sogno. Sono solo a metà della mia vita. Sperando di arrivare a 90 anni, no? Mi faceva stare bene. Mi dava una sensazione di controllo.

Poi ho iniziato a notare qualcosa.

Le persone intorno a me morivano a quella che tutti definiscono «giovane età». Incidenti tragici. Celebrità. Atleti. La pandemia. Persone che ammiravo.

Paul Walker. Mi piace molto la saga di Fast and Furious. Ed è morto in un tragico incidente stradale. Così, all'improvviso.

Kobe Bryant. Morto durante un normale spostamento quotidiano. Nemmeno in un'acrobazia estrema in elicottero. Stava solo andando da qualche parte con sua figlia.

Matthew Perry. L'iconico personaggio di Friends. Chandler, il re televisivo del sarcasmo. Overdose.

Innumerevoli amici e familiari stretti durante il COVID.

E la consapevolezza: ecco tutto. Quella è stata la loro intera vita.

Non a metà. Non «avevano ancora 30 anni davanti». Quello era il 100% di ciò che era stato loro concesso.

Poi ho letto un articolo su una tecnica per contare alla rovescia le tue estati, letteralmente, per sfruttare al meglio quelle che ti restano: «Quante estati ti rimangono?». Prendi la tua età, sottraila a 80 o 90, e quelle sono le tue estati rimanenti. Meglio farle fruttare!

La mia reazione immediata? L'ho odiato.

Non solo odio vivere sotto pressione. Quello non è affatto vivere.

Ecco cosa succede se vivi seguendo un conto alla rovescia: vai in viaggio e se qualcosa va storto — se buchi una gomma e non arrivi a destinazione — quel momento diventa miserabile. Hai «perso» la tua occasione. Ora devi riorganizzare tutto, o convivere con il senso di colpa che questa esperienza «non è contata».

(Ma ora vedo chiaramente. Anche quello è contato. Hai bucato una gomma. Hai incontrato persone nella città più vicina che ti hanno aiutato. Hai visto come la loro vita sia più lenta della tua. Come le loro menti pensino solo alla prossima domenica perché è allora che ci sarà «Il Ballo» al chiosco pubblico in centro.)

Anche quello è vivere. Scoprire nuove esperienze. Ma se stai correndo contro un countdown, te lo perdi completamente. Sei troppo occupato a essere arrabbiato per il ritardo.

La pressione di avere 15 estati rimaste? 30 estati rimaste? No, detestavo quell'approccio.

Così, ho iniziato a interrogarmi. A riflettere. Cercando di smontarlo: un momento, perché sei così sicuro che vivrai fino a 85 anni?

«Perché questa è la statistica».

Hai guardato i numeri, ma non hai guardato davvero. Le statistiche sono solo una spiegazione di ciò che è accaduto. Ecco perché statistica e probabilità sono vicine ma non sono la stessa cosa. Le statistiche ti dicono cosa si è verificato in passato, la prestazione. Non predicono il TUO specifico futuro.

Quanto siamo ingenui a metterci nello stesso calderone di una statistica basata su persone a caso — persone morte solo per cause naturali, perché gli incidenti sono valori anomali per la statistica —persone che hanno percorso rotte completamente diverse dalle nostre?

È stato allora che ho iniziato a cercare di vederla al contrario.

La fallacia del conto alla rovescia

Ricordi? Tu sei lo standard. La tua vita, il tuo ritmo, la tua rotta.

Ma quella media di «80 anni» o «90 anni»? Proviene da milioni di persone che hanno percorso rotte completamente diverse dalla tua. Genetica diversa. Abitudini diverse. Veicoli diversi. Autostrade del tutto differenti.

Alcuni di noi sono costantemente sull'interstatale — alta velocità, alto stress, bruciando carburante. Alcuni di noi sono su un carro che sale dalla fattoria verso la casa nel bosco — lenti e costanti, usura minima.

Guidiamo auto molto diverse a ritmi molto diversi.

Non sei una formica. Non siamo una specie che si comporta in modo quasi identico, dove si potrebbe ragionevolmente prevedere la durata della vita di ognuno in base alla media della colonia — con qualche piccolo margine di errore.

La tua rotta è tua. Il tuo veicolo è tuo. Il tuo ritmo è tuo.

Contare alla rovescia «25 estati rimaste» basandosi sulla lettura del contachilometri di qualcun altro non ha senso. Non sai quante estati ti restano. Nessuno lo sa. Potresti averne 50. Potresti averne 5. Potresti averne una sola.

Ma ciò che hai DAVVERO è questa estate. Proprio ora. E quando arriverà la prossima estate, avrai anche quella.

In ritardo sulla tabella di marcia

Avevo 32 anni quando ho chiesto a Silvana di essere la mia ragazza. Il 25 ottobre 2009. Ci siamo fidanzati ufficialmente esattamente un anno dopo — stessa data. Sposati il 22 ottobre 2011.

Prima di Silvana, ho avuto due ragazze. La prima è durata circa tre settimane quando avevo 17 anni. La seconda è durata un mese e mezzo quando ne avevo 20.

Questo significa che ho passato 12 anni «senza una ragazza». E nella mia città natale, dove tutti si sposano intorno ai 25 anni, ero in forte ritardo sulla vita. Ero indietro sulla tabella di marcia.

Un amico mi disse — come giustificazione del motivo per cui si stava sposando a vent'anni: «Devi sposarti a vent'anni così puoi giocare con i tuoi figli a trenta». Era così convinto che quello fosse il modo corretto, perché a quarant'anni non puoi più correre come facevi a trenta.

Secondo quale cronologia? Secondo la rotta di chi? Perché non dovrei essere in grado di giocare con mio figlio a quarant'anni?

Non mi sono sposato a vent'anni. Mi sono sposato a 34 anni. E sai cosa? Riesco ancora a giocare con mio figlio. La cronologia che il mio amico imponeva — quella che mi faceva sentire in ritardo — era completamente arbitraria. Funzionava sulla sua rotta. Non aveva nulla a che fare con la mia.

Questa è la trappola del misurare il proprio contachilometri rispetto al viaggio di qualcun altro.

Lo faccio da tutta la vita

Pensa a come funziona questa frase.

Quando hai 15 anni e dici: «Vado in skateboard da tutta la vita», intendi 15 anni. Quello è l'intero arco della tua esistenza, e lo skateboard ne ha fatto parte per tutto il tempo. Il 100% della tua intera vita.

Quando hai 40 anni e dici: «Lavoro nel settore tecnologico da tutta la vita», intendi 40 anni (o comunque la durata della tua carriera, i tuoi 25 anni di lavoro effettivo). Quello è il tuo percorso professionale al 100%.

Il tuo contachilometri mostra la distanza completa che hai percorso. Tutta quanta. Non è una frazione di un qualche totale previsto — è l'intera cosa. La tua intera vita, proprio lì sul cruscotto. Non segna 15.000 miglia su 90.000.

A 15 anni, la tua intera vita era di 15 anni. A 26, la tua intera vita è di 26 anni. A 48, la tua intera vita è di 48 anni. Quello è il 100%. Non il

60% in attesa del restante 40%. Non a metà strada verso un traguardo immaginario. Il 100%.

Il reset del 100%

Qui è dove la cosa si fa interessante.

La maggior parte delle persone pensa alla vita come a una batteria che si scarica. Inizi al 100% e ogni anno che passa perdi una percentuale. A 50 anni, sei a «metà» della tua vita. A 75, sei all'«ultimo tratto».

Ma non è così che funziona il tuo contachilometri.

Il tuo contachilometri non conta alla rovescia. Conta in avanti.

Ogni chilometro che percorri si aggiunge al tuo totale. Ogni anno che vivi diventa parte del tuo viaggio completo. Non stai perdendo vita — la stai accumulando.

A 26 anni, la tua vita non è «26 su 80 possibili». La tua vita SONO 26 anni. Quello è il 100% di ciò che hai vissuto. È la misura completa della tua esistenza finora.

Quando compi 27 anni, non diventi «27 su 80». Diventi un ventisettenne — il tuo nuovo 100%. Il tuo riferimento si azzera. La tua vita completa è ora più lunga di un anno.

Questa non è semantica. Questo cambia il modo in cui percepisci il tempo.

Quando conti alla rovescia («Mi restano 25 estati»), ogni estate che passa sembra una perdita. Stai consumando una risorsa limitata. Il countdown crea ansia, urgenza, pressione. Stai correndo contro un orologio che potrebbe non riguardarti affatto.

Quando conti in avanti («Questa è l'estate numero 48 per me»), ogni estate che arriva è un dono. Non hai perso nulla — ne hai guadagnata una nuova. E quando arriverà la prossima estate, diventerà parte del tuo nuovo 100%.

Ottieni un'estate in più ogni anno. E una volta che l'hai vissuta, diventa parte del tuo 100% completato — non una detrazione da un totale arbitrario, ma un'aggiunta alla tua vita reale.

Prospettiva: Ogni mattina che ti svegli

Ogni volta che ti svegli, sei benedetto. Sei qui e puoi intraprendere un nuovo viaggio.

Ci sono persone nelle trincee proprio ora che sperano solo di arrivare al giorno dopo. Ci sono senzatetto che sperano di superare la giornata senza morire di fame. Ci sono persone in paesi oppressi o dilaniati dalla guerra che sperano di arrivare a domani, o che cercano solo di godersi il momento perché un attacco improvviso potrebbe accadere da un momento all'altro.

Questo non è un mio essere catastrofico. Questa è la realtà per milioni di persone.

Chiedi a loro se sentono di essere a metà della loro linea temporale.

La tua capacità di pensare anche solo a domani — di pianificare in anticipo, di mirare a qualcosa oltre l'oggi — è già un privilegio. Quindi, se vuoi pensare al futuro, ecco una struttura migliore rispetto al contare estati che potresti non avere.

L'obiettivo del 5%

Sei al tuo 100% proprio ora. Ma diciamo che vuoi pensare al futuro. Diciamo che vuoi puntare a qualcosa che vada oltre l'oggi.

Invece di contare alla rovescia da un numero arbitrario, punta a un 5% in più oltre il tuo attuale 100%.

Non il 20%. Non il 30%.

Quanto lontano andrai? Solo del 5%.

Hai 40 anni? Il tuo 100% sono 40 anni. Punta a un ulteriore 5% — ovvero altri 2 anni per restare in salute, prenderti cura di te, fare scelte che supportino il tuo corpo e la tua mente. Puoi immaginare come vuoi trascorrere i prossimi 2 anni della tua vita lavorativa. Quel 5% extra è molto ragionevole. Puoi gestirlo. Sai già come vivere — lo fai da 40 anni. Aggiungere solo un altro 5% sembra fattibile.

Ecco il bello della struttura del 5%: più invecchi, più quel 5% diventa grande in termini assoluti, ma più sei attrezzato per gestirlo. La percentuale è relativa alla tua età.

Il 5% di 20 anni è 1 anno. Il 5% di 60 anni è 3 anni. Il 5% di 90 anni è 4,5 anni.

Il numero cresce, ma cresce anche la tua competenza. La tua saggezza. Hai passato l'intera vita imparando a prenderti cura di te stesso, a navigare sulla tua rotta, a gestire il tuo veicolo. Ogni anno in più ti rende più bravo.

E quando raggiungi quel 5% extra, non resta un «5% extra». Diventa parte del tuo nuovo 100%.

Se hai 40 anni e hai puntato a 42, quando arrivi a 42, non è il «105% della tua vita prevista». È il tuo nuovo 100%. La tua vita completa. La lettura completa del tuo contachilometri.

Puoi renderlo del 10% invece del 5%. Il principio è lo stesso. Il punto è questo: non stai rincorrendo una cronologia esterna. Stai costruendo su ciò che hai già realizzato. E ogni giorno che vivi diventa parte del tuo 100% completato, non una percentuale detratta da un totale immaginario.

Il te-futuro possiede il 100% futuro

Ecco la parte difficile da spiegare, ma fondamentale da capire:

Non hai «cose incompiute» in sospeso sul 100% di oggi.

La tua vita in questo momento — il tuo 100% — è completa. Non le manca nulla. Non hai fallito nelle cose che «avresti dovuto fare entro ora» perché questo 100% è ciò che hai effettivamente fatto, non ciò che pensi che avresti dovuto fare.

Il tuo 100% è ciò che ti ha definito come persona.

È quello che sei. Non sei i piani nel tuo futuro che non si sono ancora realizzati.

Il te-futuro possiederà il tuo 100% futuro. Non il te-attuale.

Se c'è qualcosa che vuoi fare, qualcosa che vuoi sperimentare, qualcosa che vuoi realizzare — quello appartiene al contachilometri del te-futuro. Quando ci arriverai, diventerà parte di quel 100%. Ma non è assente da questo 100% attuale, perché il tuo attuale 100% è completo così com'è.

Non hai idee per il futuro. Quelle idee sono qui nel tuo presente — le hai già. Avrai idee diverse in futuro, ma non vivi ancora lì. Vivi oggi.

Decidi quali idee hanno senso e realizzale oggi, perché quelle sono le tue idee presenti. Le idee future appartengono al te-futuro.

Smetti di misurare ciò che non hai ancora fatto rispetto a una cronologia immaginaria. Smetti di pensare: «Ho 35 anni e dovrei aver già [comprato casa / avuto figli / avviato un'attività / girato il mondo]».

Dovrei secondo chi? Secondo quale cronologia? Secondo quale rotta?

La tua rotta è tua. Il tuo 100% è ciò che hai vissuto, non ciò che pensavi di dover vivere. E quando farai quelle cose — se le farai — diventeranno parte del tuo 100% futuro, che sarà altrettanto completo quanto il tuo 100% attuale.

Com'è vivere al 100%

Un mio amico viveva in modalità conto alla rovescia. Stressato. Sempre a pianificare. Sempre a misurare. Sentendosi sempre in ritardo.

Ho condiviso questa prospettiva con lui. Il concetto del 100%. L'idea che sia già completo in questo momento.

Mi ha detto in seguito che lo stress è sparito dal suo sistema. Viveva in un futuro che non è ancora qui. Ha iniziato a vivere l'oggi.

Ora si concede di non fare nulla in un giorno, se non ne ha voglia. Non c'è una quota che deve soddisfare. Risponde al suo se stesso presente del momento.

Ci sono passato anch'io. C'è stato un tempo in cui mi svegliavo alle 4 del mattino per fare offerte per delle Air Jordan 1 su eBay. Cercando di «rubarle» ad altri offerenti. Beh, non sono un ladro. Sono un appassionato. Il punto è: contro cosa stavo correndo? Una qualche scadenza immaginaria? Come se stessi esaurendo il tempo per «completare» una collezione di sneakers che non aveva un reale traguardo finale. La mia compulsione ne aveva già 34 paia, ma non riuscivo a vedere che ero già completo. Contavo ciò che dovevo ancora ottenere invece di ciò che avevo già accumulato. Quell'urgenza — quella pressione da countdown — creava lo stress.

E mentre scrivo questo libro, posso abbracciare ancora di più il fatto che questo sia il mio 100%. Questo non è solo un libro per la mia lista dei desideri. Lasciare oggi scritto questo messaggio «non c'è alcun esame» è il modo più tangibile di trascendere gli anni dopo che me ne sarò andato.

Sono pienamente consapevole di essere al mio 100%. Che il domani non è scontato. E la mia anima sarebbe delusa se non avessi finito questo libro prima di andarmene.

E se qualcuno prenderà questo e lo rinnoverà o lo smonterà e lo renderà migliore per la società, anche allora starò comunque trascendendo — perché ho aiutato a delineare ciò che non deve essere fatto.

Sì, suona fatalista. Ma anche il mio ego che vuole finire questo libro ne è consapevole: siamo al nostro 100% proprio ora.

Guarda il tuo contachilometri in questo momento. Quanti anni mostra? Quella non è una frazione di un qualche totale previsto. Non è «X su Y». Quello è il tuo viaggio completo finora. Quello è il 100% della tua vita.

Non vendono auto con contachilometri che contano alla rovescia o con un limite di chilometraggio. Contano sempre i chilometri in avanti.

Ogni chilometro dietro di te è parte del tuo viaggio. Non una preparazione per il tuo viaggio. Non la «fase di configurazione» prima che la tua «vera vita» cominci. I chilometri che hai già percorso SONO la tua vita.

Gli anni passati a scuola? Parte del tuo 100%. Le relazioni che non hanno funzionato? Parte del tuo 100%. I lavori che hai provato e lasciato? Parte del tuo 100%. I posti in cui hai vissuto? Parte del tuo 100%. Gli errori che hai fatto? Parte del tuo 100%. Le cose di cui sei orgoglioso? Parte del tuo 100%.

Tutto quanto. Ogni singolo chilometro. Quello è il tuo viaggio. Ed è completo.

Quando aggiungi altri chilometri, non completi il tuo viaggio. Lo espandi. Il tuo viaggio era già completo. Ora è completo su una distanza maggiore.

Questo è il cambiamento.

Non stai esaurendo la vita. La stai accumulando. Non sei a metà strada dal traguardo. Sei al 100% del viaggio che hai vissuto finora. E domani sarai di nuovo al 100%, con un giorno in più aggiunto.

Non c'è esame che valuti se hai già guidato abbastanza lontano.

Non c'è nessuna scheda di valutazione che misuri se la lettura del tuo contachilometri sia «buona» o «in ritardo sulla tabella di marcia».

C'è solo il tuo contachilometri. I tuoi chilometri. Il tuo 100%.

E ogni mattina che ti svegli, quel numero sale, non scende.

Oggi è il 100% della tua vita. Domani sarà il tuo nuovo 100%. Smetti di contare alla rovescia estati che potresti non avere. Inizia a contare in avanti quelle che raggiungi.

Capitolo 17

OCCHI SULLA STRADA

Anche quando ti trovi sulla strada giusta, andando nella direzione corretta e facendo progressi, i tuoi occhi possono comunque essere altrove.

Uno sguardo allo schermo. Controllare le notifiche. Scorrere il percorso di qualcun altro mentre dovresti navigare il tuo.

Letteralmente, mentre guidi. Ma questa è una realtà anche in ogni ambito della nostra vita.

Puoi essere esattamente dove devi essere eppure perderti tutto. Perché essere fisicamente presenti ed essere effettivamente presenti non sono la stessa cosa.

I guardrail che aiutano

Quando salgo in macchina, apro Waze, un'app di navigazione che ti mostra il percorso, l'andamento del traffico e dove si sono verificati incidenti. È come Google Maps, con aggiornamenti in tempo reale da parte di altri conducenti. Imposto la destinazione per avere un'idea dell'ora di arrivo prevista (ETA), poi posiziono il telefono sul cruscotto in un supporto magnetico fissato alle bocchette dell'aria. La particolarità è che metto il telefono in orizzontale invece di tenerlo in verticale.

Il motivo per cui ho iniziato a farlo è questo: quando il telefono è in orizzontale, si ha una visuale più ampia della mappa. Una prospettiva panoramica migliore. Si può vedere di più di ciò che sta arrivando, specialmente nella visuale 3D; aiuta a comprendere il percorso davanti a sé con maggiore profondità.

Ma ho continuato a farlo per un motivo diverso.

Quando il telefono è in orizzontale e arriva un messaggio di testo, l'area di risposta occupa l'intero schermo se si prova a rispondere. È un pasticcio. La tastiera blocca tutto. Rende l'invio di messaggi durante la guida talmente scomodo che preferisco non disturbarmi.

Sto creando un guardrail per me stesso. Non faccio affidamento sulla forza di volontà; sto costruendo un sistema in cui la scelta sbagliata diventa più difficile da compiere rispetto a quella giusta.

La forza di volontà è finita. Si esaurisce. Specialmente alla fine di una lunga giornata, quando sei stanco e stressato e arriva quella notifica sonora. Potresti avere la disciplina di ignorarla una, due, forse dieci volte. Ma alla fine, controllerai. La sola forza di volontà non basta contro il richiamo costante della distrazione.

Ecco perché servono i guardrail. Sistemi che funzionano anche quando la tua forza di volontà non lo fa.

E quando non sono distratto cercando di scrivere un messaggio, o controllando chi mi ha appena contattato, o fissando il conto alla rovescia dell'ETA cercando di battere il tempo stimato, posso effettivamente prestare attenzione a ciò che accade intorno a me.

La tua strada o quella di qualcun altro

Ma la maggior parte delle volte, non costruiamo guardrail. Ci limitiamo a scorrere.

Tra le vacanze degli altri. I successi degli altri. I momenti attentamente selezionati da altri che rendono il loro percorso migliore del tuo.

Sei seduto nella tua auto, guidando lungo la tua strada. Eppure, stai guardando la carrellata dei momenti migliori di qualcun altro.

Pensa al figlio di un tuo amico. Il bambino più felice che conosci, no? Sorride sempre nelle foto. Ogni immagine sui social media lo mostra mentre ride, gioca, si diverte un mondo.

Vedi forse cinque minuti della sua giornata, la frazione che i genitori hanno scelto di condividere. E presumi che quel bambino rida tutto il giorno. Che la sua vita sia pura gioia. Che il tuo amico abbia scoperto qualche segreto educativo che a te sfugge.

Ma non vedi il capriccio avvenuto cinque minuti prima della foto. La crisi per la tazza del colore sbagliato. La battaglia per andare a dormire. I momenti che non vengono pubblicati.

Stai guardando le strade degli altri, ma vedi solo le parti che hanno scelto di mostrarti. Nemmeno le loro strade reali. Le loro versioni montate ad arte.

E mentre guardi le loro strade editate, ti perdi la tua.

Forse ti perdi la tua di proposito. Forse a casa hai i capricci, la lotta per andare nanna, il caos che non viene bene in foto. E tornare a scorrere le foto del bambino più felice del mondo ti consola. Ti ricorda che le vite degli altri sembrano più facili, migliori, più ordinate di come senti la tua in questo momento.

L'ironia è che abbiamo così paura di perderci quello che stanno facendo tutti gli altri che ci perdiamo quello che stiamo facendo noi.

Sei al volante della tua vita e stai fissando il cruscotto di qualcun altro.

L'ora che conta di più

Avrai probabilmente sentito parlare della terapia intensiva negli ospedali (ICU). Ma esiste anche un reparto con l'acronimo NICU. La N sta per Neonatale. Terapia intensiva per neonati.

È un posto speciale. File di incubatrici. Piccoli bambini collegati a monitor e tubicini. Infermiere che si muovono con una precisione così attenta, come se stessero maneggiando la cosa più fragile del mondo. Perché è così.

Chiunque in quel reparto ha un unico obiettivo: aiutare questi bambini a crescere, a lottare, a farcela.

Nel 2017, i miei figli nacquero prematuri. Passammo 78 giorni nella NICU.

Settantotto giorni in cui si impara a conoscere una nuova comunità: gli altri genitori che condividono quello spazio, i medici, il personale e soprattutto le infermiere. Si conoscono le persone in modi inaspettati quando ci si ritrova insieme in quel reparto.

Come genitore, ti è permesso passare del tempo nella NICU con i tuoi figli, ma c'è un limite: quanto tempo. Varia da ospedale a ospedale, perché i neonati — per lo più nati pretermine — non possono essere esposti troppo al mondo esterno. In media, ti è permesso far loro visita per una sola ora al giorno.

Un'ora.

Questo è quello che ti viene concesso. Un'ora per stare lì, guardarli attraverso l'incubatrice, cantare per loro, raccontare della tua giornata, di come stai preparando la loro cameresetta a casa. Tutte le cose che non vedi l'ora di fare con loro una volta che saranno abbastanza forti per uscire.

Dopo che un neonato prematuro raggiunge i traguardi di peso e dimensioni, dopo che gli organi interni si sono sviluppati a sufficienza, viene spostato alla terapia intermedia. È allora che puoi finalmente prenderlo in braccio. La terapia pelle a pelle — contatto fisico, calore, battito cardiaco. Il legame più basilare e primordiale tra genitore e figlio.

Io passavo quell'ora totalmente immerso. Se solo avessi potuto aggrapparmi a quella sensazione. Osservavo ogni minimo movimento. Pianificavo la vita che avremmo avuto una volta tornati a casa.

Si potrebbe pensare che sia ovvio, vero? Una decisione facile tenere gli occhi sulla strada. Ma non lo fu.

Una volta osservai un papà sulla sedia accanto alla mia. Il suo bambino era sulle sue ginocchia durante l'ora del contatto pelle a pelle. E lui era al telefono a guardare una partita di calcio.

Ricordo di aver urlato nella mia testa: «Il tuo bambino è proprio lì! Sulle tue ginocchia. Hai solo un'ora al giorno. E stai guardando una partita!?»

Non sto giudicando le sue capacità genitoriali in generale. Non conosco la sua storia completa. I nostri contesti erano ovviamente diversi. Io ero un neopapà; forse quello era il suo terzo figlio. Io avevo lottato con la conta e la motilità degli spermatozoi e, a causa di ciò, la nostra attesa era durata 5 anni, non i classici 9 mesi. Quindi forse ero più acutamente consapevole di quanto fosse preziosa quell'ora.

Forse lui stava affrontando il trauma nell'unico modo che conosceva. Forse guardare quella partita era ciò che gli impediva di crollare, di sentire tutto il peso di avere un figlio in NICU.

Ma dico questo: alcuni momenti sono insostituibili.

Certi tempi valgono più di altri.

Quell'ora con tuo figlio in NICU vale più di mille ore di qualsiasi partita mai giocata.

La distrazione rende tutto uguale. Tratta i momenti insostituibili alla stessa stregua del tempo da buttare via.

E una volta che quell'ora è passata, non puoi più riaverla indietro. Puoi guardare la partita in replica. Puoi vedere gli highlight. Puoi vedere il risultato finale.

Quell'ora insostituibile fa parte della tua strada. Potrebbe essere la parte più cruciale del tuo viaggio compiuto finora. E se i tuoi occhi non sono puntati lì, sarai appena passato oltre il momento che contava di più. Non ci passerai più.

L'imperativo della documentazione

Il concerto che stai filmando: c'è un'altissima probabilità che sia già ripreso da professionisti con attrezzature migliori delle tue.

Guardati intorno. C'è una troupe video. Molteplici telecamere. Audio professionale. Il saggio parla solo di ciò che sa: queste persone sanno esattamente come catturare questo momento. È letteralmente la loro competenza.

Eppure tu sei lì, con il telefono sollevato, a registrare una versione tremolante e di bassa qualità di qualcosa che viene già documentato professionalmente da persone che sanno davvero cosa stanno facendo.

Nel frattempo, guardi il concerto attraverso uno schermo invece che con i tuoi occhi. Sei così impegnato ad assicurarti di registrare il momento che non lo stai vivendo per davvero.

E se mettessi giù il telefono e guardassi e basta?

Sii presente. La troupe video che riprende il concerto cerca l'energia della folla. Vogliono mostrare l'esperienza, l'entusiasmo, la connessione tra la band e il pubblico. Verso chi pensi che puntino le telecamere? Verso la persona con un telefono che le copre il viso? O verso la persona completamente immersa, che canta a squarciagola, vivendo davvero il momento?

Potresti persino finire per essere quella persona nelle riprese ufficiali. L'inquadratura principale. Il «super fan» del video. E poi — succede davvero — la band potrebbe contattarti perché ora sei il famoso «super fan» del gruppo su internet.

La gente ti riconosce da quel video. La band ti invita nel backstage al prossimo spettacolo. Incontro e saluti. Foto con tutto il gruppo. Merchandising autografato con un messaggio personale che ti ringrazia per essere stato così preso dalla musica quella sera. Tutto perché hai messo giù il telefono e hai vissuto davvero il momento invece di filmare una versione inferiore di ciò che veniva già catturato.

Stai cercando di preservare il ricordo filmandolo. Ma stai impedendo al ricordo di formarsi.

È un paradosso. L'atto di documentare interferisce con l'esperienza che stai cercando di documentare.

Filmi il concerto per ricordare di essere stato lì. Ma non ricordi affatto di essere stato lì: ricordi solo di averlo filmato.

Il tuo cervello ha bisogno che tu sia presente

Pensa all'ultima volta che qualcuno ti ha raccontato una storia mentre stavi scorrendo i social media.

Riesci a ricordare cosa ha detto? Probabilmente no.

Ma potresti ricordare il post che stavi leggendo.

Non è perché sei un pessimo ascoltatore o un pessimo amico. Il tuo cervello può prestare piena attenzione a una sola cosa alla volta.

Esistono diverse ipotesi che suggeriscono che il cervello umano non possa davvero fare multitasking quando si tratta di compiti che richiedono attenzione cosciente e concentrazione. Al contrario, ciò che percepiamo come multitasking è in realtà un passaggio da un compito all'altro — in cui il cervello sposta rapidamente la sua attenzione avanti e indietro tra diverse attività. Quando stai scorrendo lo schermo, è questo che il tuo cervello sta codificando. È questo che viene salvato come ricordo.

Quando filmi un concerto con il telefono, il tuo cervello sta codificando l'atto di filmare — l'inquadratura, lo schermo, se stai centrando il colpo, tenendo la mano ferma. Non la musica reale. Non l'energia nella stanza. Non l'esperienza di essere lì.

I momenti in cui sei assente non tornano più. Non puoi rivivere la laurea di tuo figlio. Non puoi partecipare di nuovo a quel concerto. Non puoi avere un'altra ora nella NICU.

Una volta andati, sono andati.

Quindi, quando dividi la tua attenzione tra la recita di tua figlia e le email di lavoro, non ottieni il 50% di ogni esperienza. Ottieni una versione degradata di entrambe. Non sei presente in nessuna delle due.

«Ma è importante!»

Chi lo è? Il tuo lavoro o tua figlia?

La tua distrazione influisce su chi ti circonda

Non solo stai filmando o distraendoti dall'evento presente, ma stai distraendo anche gli altri.

Entra in un cinema dopo che le luci si sono spente.

Conta gli schermi dei telefoni che brillano nel buio. Persone che controllano i messaggi. Che scorrono i feed. Che rispondono ai messaggi. Che non guardano il film per cui hanno pagato.

Ma non è solo la loro esperienza che stanno rovinando.

Quello schermo del telefono è una torcia in una stanza buia. Distoglie gli occhi di tutti dallo schermo del cinema. Rompe l'immersione. Rovina il momento alla persona accanto, a quella dietro, a quella davanti.

La loro distrazione non è solo un loro problema. È un problema di tutti.

La persona accanto a loro in sala non ha pagato per vederli scorrere Instagram. Ha pagato per perdersi in una storia. E il bagliore del telefono la strappa via da lì.

La stessa cosa accade nella vita reale. Quando scorri lo schermo durante una conversazione, l'altra persona lo sa. Lo percepisce. Sta cercando di dirti qualcosa che conta per lei e tu stai segnalando — senza dirlo — che qualunque cosa ci sia sul tuo schermo conta di più.

La tua assenza non riguarda solo te. Riguarda chiunque cerchi di essere presente con te.

Tuo figlio ti sta cercando

Stai andando alla recita scolastica di tuo figlio. È il giorno della cerimonia e hanno preparato un evento per i genitori. L'auditorium si riempie. I bambini entrano sul palco con il tocco e la toga, o i loro abiti da recita, a seconda dell'evento.

Trovi un posto. Tiri fuori il telefono per controllare un'ultima email di lavoro prima che inizi. Poi la cerimonia comincia e tu tieni il telefono sulle ginocchia. Non si sa mai che arrivi qualcosa di urgente. O forse stai scorrendo i social. O forse hai le AirPods e stai facendo una chiamata di lavoro che non potevi rimandare.

Il bambino è sul palco. Esplora la folla con lo sguardo. Cerca gli occhi dei suoi genitori.

Lo so perché ho visto il volto di mio figlio quando ci trova tra la folla. La sua espressione cambia. Cerca quella connessione. Quel riconoscimento del fatto che stiamo guardando, che lo vediamo, che questo momento conta anche per noi.

Il bambino non sa che sei in una «importante chiamata di lavoro». Non capisce che il tuo capo aveva bisogno di una risposta immediata o che stai controllando qualcosa di urgente.

Sa solo che non lo stai guardando.

Ricorderà che c'eri — tecnicamente. Fisicamente presente. Nella stanza.

Ma ricorderà anche che non c'eri davvero. Che quando ti cercava, quando voleva vedere se lo vedevi, la tua attenzione era altrove.

Questo è il ricordo che sta creando. Non perché tu sia un pessimo genitore. Perché sei umano e la distrazione è ovunque, e abbiamo normalizzato l'essere assenti pur essendo presenti.

Sei al posto di guida di questa relazione. Tuo figlio sta guardando come guidi.

Il contenuto esiste già

Non c'è esame su quanti contenuti generi.

Nessuno ti darà un voto per la qualità delle riprese del concerto. Nessuno valuterà le tue foto delle vacanze. Nessuno tiene il conto di quanti momenti hai catturato.

Il contenuto che stai cercando disperatamente di creare? Esiste già. In versioni professionali. Versioni migliori di quelle che potresti fare con il tuo telefono.

Ciò che non esiste — ciò che non può essere replicato da nessun altro — è la tua esperienza di essere lì.

La tua prospettiva. La tua presenza. La tua effettiva attenzione su ciò che sta accadendo davanti a te.

Questo è ciò che è unico. Questo è ciò che è insostituibile.

Non le riprese. L'esperienza stessa.

E ogni momento che passi a creare contenuti sulla tua vita è un momento in cui non la stai effettivamente vivendo.

Sei al posto di guida. Ma invece di guardare la strada, la stai filmando.

Cosa stai scambiando

Non sto dicendo che non puoi mai scattare una foto. Mai registrare nulla. Mai condividere momenti con le persone care.

Ma comprendi lo scambio che stai facendo.

Ogni volta che tiri fuori il telefono per catturare qualcosa, stai scambiando la presenza con la documentazione. L'esperienza con il contenuto. L'esserci con il provare di esserci stati.

A volte questo scambio ha senso. A volte desideri la documentazione più della piena esperienza in quel momento.

Ma la maggior parte delle volte? Non facciamo una scelta consapevole. Passiamo alla documentazione per impostazione predefinita perché lo fanno tutti gli altri. Perché abbiamo paura di dimenticare. Pensiamo di aver bisogno di prove.

E finiamo con migliaia di foto che non guardiamo mai e ricordi che non abbiamo mai realmente formato.

Il telefono sulle tue ginocchia durante la recita di tuo figlio? Non ti sta dando nulla. Ti sta solo portando via dal momento.

Scorrere i social durante il tragitto casa-lavoro? Stai guardando le strade degli altri invece di guidare la tua.

Filmare al concerto? Stai impedendo proprio il ricordo che stai cercando di preservare.

Stai scambiando momenti insostituibili con... cosa, esattamente? Contenuti che esistono già in una forma migliore? Prove per persone che non erano lì e a cui in realtà non importa poi molto?

Dove devono essere i tuoi occhi

La strada vera che stai percorrendo. Il momento reale in cui ti trovi. La vita vera che stai vivendo.

Non la strada di qualcun altro. Non la raccolta dei momenti migliori di qualcun altro. Non la versione filmata professionalmente che guarderai più tardi invece di viverla ora.

La tua strada. Proprio ora. Questo momento. A volte il percorso panoramico È il punto.

Oggi non è un conto alla rovescia verso giorni migliori. Oggi è il tuo viaggio completo. Proprio ora. Questo momento fa parte del tuo 100%.

E se non sei presente — se i tuoi occhi sono ovunque tranne che sulla strada che stai effettivamente percorrendo — ti stai perdendo la tua stessa vita.

Guardati intorno. Tutto conta. I piccoli gesti contano — incluso il barista che ti ha sorriso stamattina.

I guardrail aiutano. Waze in orizzontale. Il telefono in un'altra stanza durante la cena. La decisione di guardare e basta invece di filmare.

Ma è una scelta che fai momento dopo momento.

Tuo figlio è sul palco e ti cerca. I tuoi occhi sono su di lui o sul tuo schermo?

Il tuo amico ti sta raccontando qualcosa di importante. Stai ascoltando o stai scorrendo lo schermo?

Sei al volante della tua vita reale. I tuoi occhi sono sulla tua strada o su quella di qualcun altro?

Non c'è esame che valuti la tua presenza. Nessuna scheda punti che tracci la tua attenzione. Nessuna valutazione finale per stabilire se fossi davvero presente per la tua stessa vita.

Ma tu lo saprai. Nei momenti di silenzio. Nei ricordi che vorresti avere ma non hai. Nei momenti in cui eri fisicamente presente ma che hai completamente mancato.

Stai percorrendo questo tragitto. Nessun altro può farlo al posto tuo. Nessun altro può essere presente per i tuoi momenti. Nessun altro può tenere i tuoi occhi sulla tua strada.

Questo è il tuo compito.

Non perché qualcuno stia guardando. Perché è la tua strada. La tua vita. La tua unica possibilità di essere davvero qui ad assaporarla.

Capitolo 18

IL TUO PERCORSO UNICO

Nessuno nella storia dell'autostrada ha mai percorso, o percorrerà mai, la tua esatta rotta.

Questa non è la saggezza di un biscotto della fortuna. È realtà matematica. La specifica combinazione di dove hai iniziato, quali svolte hai fatto, quali passeggeri hai trasportato, di quali aree di sosta hai avuto bisogno, quali deviazioni hai preso: tutto questo è irripetibile.

Anche se qualcuno cercasse di replicare il tuo viaggio passo dopo passo, non ci riuscirebbe. Troppe variabili. Tempi diversi. Clima diverso. Una versione diversa di se stessi a prendere le decisioni.

Il tuo percorso è matematicamente, completamente tuo.

Il concessionario cinque anni dopo

Immagina un concessionario d'auto. File di veicoli identici appena usciti dalla catena di montaggio. Stessa marca, stesso modello, stesso anno. Alcuni indistinguibili se non per il colore della vernice.

Dieci persone comprano la stessa auto lo stesso giorno.

Torna cinque anni dopo. Allinea quelle dieci auto nel parcheggio.

Non sembrano più uguali.

Una ha 130.000 chilometri di autostrada, un'usura regolare, danni minimi, manutenzione costante. Una ne ha 60.000 di città, danni da traffico stop-and-go, freni consumati e lo stress di continue accelerazioni e frenate. Una ha 160.000 chilometri di strade sterrate e passi di montagna, ruggine nel sottoscocca, lavori alle sospensioni, segni distintivi lasciati dal terreno.

Stessa auto. Viaggi completamente diversi. E ogni viaggio ha lasciato il segno.

Puoi vedere quale apparteneva al genitore che accompagnava i figli a scuola ogni mattina. Quale apparteneva al rappresentante che percorreva le interstatali. Quale apparteneva all'avventuriero del fine settimana che prendeva le strade secondarie attraverso i parchi nazionali.

Le auto sono nate identiche. I percorsi le hanno rese diverse.

Potresti essere partito da un posto simile a qualcun altro: stessa città natale, stessa scuola, stesse opportunità. Ma il percorso specifico che hai guidato, le scelte specifiche che hai fatto a ogni incrocio, i passeggeri specifici che hai trasportato, il terreno specifico che hai navigato: tutto questo ha creato la versione irripetibile di te che esiste proprio ora.

Persino i gemelli divergono

Prendiamo di nuovo l'esempio dei gemelli identici. Geneticamente uguali. Cresciuti nella stessa casa, dagli stessi genitori, nella stessa cultura, mangiando lo stesso cibo, frequentando le stesse scuole.

Quanto di più simile possano essere due punti di partenza umani.

Eppure finiscono comunque per essere persone diverse.

Uno diventa un artista. L'altro diventa un ingegnere. Uno si trasferisce dall'altra parte del paese. L'altro resta nella sua città natale. Uno si sposa presto. L'altro resta single. Uno ha dei figli. L'altro no.

Non si tratta solo di personalità distinte; quello è prevedibile. Anche se vivessimo in un mondo in cui solo l'aspetto contasse per le opportunità, dove le persone attraenti ricevessero tutte le offerte di lavoro e i colloqui, i gemelli identici non riceverebbero comunque le stesse opportunità. Stesso viso, ma uno entra in ufficio il giorno in cui stanno assumendo. L'altro entra una settimana dopo, quando la posizione è già occupata. Uno viene notato da un reclutatore in una caffetteria. L'altro quel giorno era a casa. Stessa identica apparenza, tempi diversi, risultati completamente diversi.

Perché? Perché anche se sono partiti dallo stesso posto, non hanno percorso la stessa strada.

Forse uno si ammalò da bambino e passò mesi in ospedale: questo cambiò tutto nel suo modo di vedere la salute, il rischio, la mortalità. Forse uno ebbe un insegnante che accese una scintilla. Forse uno si fece un amico che lo trascinò in una direzione diversa. Forse uno scelse di svoltare a sinistra a un incrocio dove l'altro scelse la destra, e quella singola svolta si ripercosse in decenni completamente diversi.

Se i gemelli identici non possono replicare i percorsi l'uno dell'altro, che possibilità ha chiunque altro di replicare il tuo?

Il tuo background è irripetibile

Tu non sei solo partito da un luogo. Sei partito da un momento specifico nel tempo, con circostanze specifiche, con persone specifiche intorno a te, con una versione specifica del mondo che non esiste più.

La realtà economica in cui sei entrato. La tecnologia disponibile. I valori culturali che la tua generazione ha assorbito. Le opportunità che esistevano o non esistevano. Le specifiche dinamiche familiari che hai navigato. L'esatta sequenza di esperienze che ha plasmato il modo in cui elabori tutto il resto.

Qualcuno nato dieci anni prima di te? Mondo diverso. Regole diverse. Assunzioni di base diverse su ciò che è possibile.

Qualcuno nato dieci anni dopo di te? Anche lui diverso. Tecnologie che tu hai dovuto imparare, loro ci sono nati dentro. Le tue paure e le tue lotte, alcune non riescono nemmeno a capirle. I vantaggi che hanno loro, tu non ti hai mai avuto accesso.

Persino qualcuno nato nel tuo stesso anno, nella tua stessa città, con un background simile, non ha comunque avuto i tuoi genitori. I tuoi fratelli. I tuoi insegnanti. I tuoi incontri casuali. La tua specifica sequenza di fallimenti e successi che ti ha insegnato ciò che sai ora.

Il tuo punto di partenza è stato unico. Il tuo percorso attraverso gli anni è stato unico. E la versione di te che ne è risultata? Anch'essa unica.

Non migliore. Non peggiore. Semplicemente irripetibile.

Gli stili di navigazione ne fanno parte

E non si tratta solo delle circostanze esterne. È il modo in cui TU le navighi.

Alcune persone guidano in modo difensivo, anticipando sempre i problemi, pianificando tre mosse avanti, proteggendosi dagli scenari peggiori. Alcune persone guidano in modo intuitivo, decidendo al momento, fidandosi del proprio istinto, adattandosi man mano. Alcuni guidano spietatamente, cercando di dominare la strada, persino con rabbia. Alcune persone guidano in modo analitico, studiando ogni percorso, ottimizzando l'efficienza, calcolando i compromessi.

Nessuno di questi stili è sbagliato. Sono solo modi diversi di muoversi nella vita. E il tuo stile è parte di ciò che rende il tuo percorso irripetibile.

Anche se qualcun altro si trovasse di fronte all'esatto incrocio che hai affrontato tu, non lo navigherebbe come hai fatto tu. Perché non è te. Non ha la tua specifica combinazione di cautela e coraggio, logica ed emozione, pianificazione e spontaneità.

Il tuo percorso non è solo DOVE hai guidato. È COME hai guidato.

Guarda quelle dieci auto del concessionario. Ognuna ha avuto bisogno di un programma di manutenzione diverso. Diversi stili di guida. Diversi percorsi adatti al loro utilizzo. Quello che funzionava per l'auto da autostrada distruggerebbe l'auto da passo di montagna. Quello che funzionava per l'auto da città non servirebbe all'auto da viaggio transcontinentale.

Il tuo percorso è specifico. Le tue circostanze sono specifiche. Il tuo stile di navigazione è specifico.

Ciò che ha funzionato per qualcun altro potrebbe fallire completamente sul tuo.

Questo non significa che hai sbagliato qualcosa. Significa che il suo percorso non era il tuo.

Sei tu il parametro del tuo viaggio

E poiché il tuo percorso è unico, TU sei l'unico parametro valido per il TUO viaggio.

Non perché il tuo modo sia migliore di quello di chiunque altro. Ma perché nessun altro ha avuto la tua esatta serie di scelte. Non hanno affrontato il tuo specifico terreno. Non hanno navigato il tuo clima specifico. Non sono partiti dalla tua posizione specifica né hanno trasportato i tuoi passeggeri specifici.

Quando confronti i tuoi progressi con quelli di qualcun altro, stai confrontando misurazioni incompatibili. Loro stanno misurando chilometri percorsi su un terreno completamente diverso. La lettura del loro contachilometri non ha nulla a che fare con la tua. È come confrontare il tuo percorso nel deserto con la loro strada costiera: stessa distanza percorsa, esperienze completamente uniche, sfide completamente uniche.

Puoi imparare da loro. Puoi farti ispirare. Puoi adattare dei principi dal loro stile di navigazione.

Ma non puoi usare il loro percorso come prova che il tuo sia sbagliato.

Loro non stavano guidando la TUA auto, sulle TUE strade, con i TUOI passeggeri, affrontando il TUO clima, facendo le TUE decisioni.

Tu sei l'unica persona che ha percorso il tuo tragitto. Il che significa che sei l'unico metro valido per stabilire se lo stai navigando bene.

Non si può vivere pienamente guidando sulla rotta di qualcun altro

Quando cerchi di seguire il percorso di qualcun altro invece del tuo, quando misuri il tuo viaggio rispetto al loro, o forzi il tuo percorso sul loro, ecco cosa succede:

Ti angosci per non essere dove erano loro alla tua età. Lo so, è difficile smettere di fare paragoni. Ti senti indietro. Senti che stai fallendo perché il tuo contachilometri non corrisponde al loro. Ma non sei indietro. Sei su un percorso del tutto diverso, e stai misurando i tuoi progressi rispetto a qualcuno che è partito da un luogo diverso, ha affrontato un terreno diverso ed era diretto altrove. La loro tabella di marcia non ha nulla a che fare con la tua.

Cerchi di forzare le tue circostanze perché corrispondano alle loro. Fai scelte che non si adattano alla tua situazione reale perché «così hanno fatto loro, e ha funzionato». Accetti un lavoro che odi perché è il percorso di carriera «giusto». Compri cose che non puoi permetterti perché quello è l'aspetto che il successo dovrebbe avere. Ti spingi in situazioni che senti sbagliate perché il loro percorso dice che a quest'ora dovresti essere lì.

Ma forzare la loro mappa sul tuo terreno non funziona. Finisci solo per essere stressato, esausto, sofferente, e comunque non dove pensavi di essere.

Ignori ciò che conta davvero per TE perché sei troppo occupato a cercare di ottenere ciò che contava per LORO. Passi anni a salire una scala appoggiata all'edificio sbagliato. Ti affanni per risultati che sembrano impressionanti sulla mappa del percorso di qualcun altro, ma che risultano completamente vuoti sulla tua. E finisci per vivere una vita che viene bene in fotografia, ma che non senti appartenga a te.

Non puoi vivere pienamente cercando di guidare lungo il percorso di qualcun altro. La loro rotta non è stata progettata per il tuo veicolo, il tuo terreno, la tua destinazione, il tuo stile. È stata progettata per i loro. E nessuno sforzo potrà mai far sì che il loro percorso si adatti al tuo viaggio.

Guida il TUO percorso. Questa è la via: la TUA via. Con tutte le sue svolte uniche, le circostanze specifiche e le combinazioni irripetibile.

Questo non significa accontentarsi. Non significa arrendersi.

Il tuo percorso è tuo. E cercare di navigare quello di qualcun altro non ti porterà da nessuna parte che conti davvero.

È l'insieme che conta

La tua prospettiva è unica. I tuoi ricordi sono solo tuoi. Il tuo contesto plasma tutto ciò che sperimenti.

Ma la ragione per cui il tuo percorso è unico va oltre ogni singolo elemento.

È l'INTERO del tuo viaggio. Il modo in cui ogni cosa si somma alle altre.

Non un solo elemento. L'intera combinazione. Il modo in cui ogni cosa interagisce con tutto il resto per creare la specifica versione di vita che stai vivendo proprio ora.

Il tuo background ha plasmato la tua prospettiva. La tua prospettiva ha influenzato le tue scelte. Le tue scelte hanno creato le tue circostanze. Le tue circostanze hanno plasmato la tua successiva serie di scelte. Tutto ciò si è accumulato, stratificato, creando qualcosa che avrebbe potuto accadere solo esattamente in questo modo.

Ecco perché cercare di replicare il viaggio di qualcun altro non funziona. Non sei cloni. Non puoi copiare il percorso di qualcuno e aspettarti gli stessi risultati. Puoi copiare singole scelte, ma non puoi copiare l'intera rete di fattori che ha reso quelle scelte sensate per loro. Il loro background, la loro prospettiva, le loro circostanze, il loro tempismo: tutto interagisce in modi che non si trasferiscono alla tua situazione.

Sei pronto

Sei per strada ormai da diciassette tappe. Hai imparato cose. Ne hai disimparate altre. Hai visto come funziona l'autostrada, come gli altri piloti navigano i loro percorsi, come le regole ci impediscano di scontrarci l'un l'altro.

Hai guardato nello specchietto retrovisore per vedere da dove vieni. Hai riconosciuto la programmazione che hai ereditato. Hai capito che il confronto è inutile e la competizione non fa per te.

Hai visto che gli altri non sono personaggi non giocanti. Che oggi è il 100% della tua vita, non un conto alla rovescia verso qualcosa di meglio. Che i tuoi occhi devono essere sulla TUA strada, non su quella degli altri.

E ora capisci perché tutto questo conta: perché il tuo percorso è matematicamente, completamente tuo.

Nessun altro può guidare al tuo posto. Nessun altro può dirti se lo stai facendo bene o male. Nessun altro ha avuto il tuo esatto punto di partenza, le tue esatte circostanze, la tua esatta sequenza di decisioni.

Il che significa che nessun altro può dare un voto al tuo viaggio. E, cosa più importante, puoi smettere di cercare quel voto. Smetti di chiederti se sei all'altezza. Smetti di cercare conferme sul fatto che tu lo stia facendo «correttamente». Non esiste una pagella esterna. Non c'è nessun giudice che revisiona il tuo percorso e decide se è abbastanza buono. Il percorso di nessun altro prova che il tuo sia insufficiente. La lettura del contachilometri di nessun altro rende la tua meno valida.

Il tuo percorso è tuo.

Imparare dal terreno. Capire quali passeggeri portare. Riconoscere quando il tuo passo deve cambiare.

Non perché qualcuno ti abbia insegnato il modo «giusto» di fare queste cose. Ma perché le hai imparate facendole.

Non stai aspettando che qualcun altro ti permetta di guidare la tua vita. Farlo e basta.

La stai già guidando. La spinta a essere presente è forte. Cedile. Lascia che sia con te.

E ora capisci perché il tuo percorso specifico, con tutte le sue svolte uniche e le sue combinazioni irripetibili, è l'unico percorso che avrebbe potuto portarti fin qui.

Non c'è esame che valuti se hai scelto il percorso «corretto» rispetto a quello di tutti gli altri.

C'è solo il tuo percorso. Il tuo viaggio non può essere misurato rispetto a quello di nessun altro perché le circostanze sono incomparabili.

E sei pronto per continuare a guidare.

TERZO PIT STOP

Hai appena attraversato il miglior tratto di autostrada percorso finora.

La Parte VI non riguardava più il disimparare, l'esaminare o il comprendere. Questa parte riguardava l'effettivo vivere.

Oggi non è un conto alla rovescia: è il 100% della tua vita. I tuoi occhi devono essere sulla tua strada, non su quella di tutti gli altri. E il tuo percorso è unicamente tuo. Non come ispirazione. Ma come dato di fatto.

Quindi accosta ancora una volta. L'ultima sosta prima dell'ultimo tratto.

Guarda quanto guidi diversamente rispetto a quando sei uscito dal tuo quartiere. Non stai gareggiando con nessuno. Non stai confrontando il tuo contachilometri con quello di tutti gli altri. Non stai cercando di vincere una competizione che non è mai esistita.

Hai disimparato la programmazione della tua città natale. Hai riconosciuto che gli altri non sono ostacoli o NPC, ma viaggiatori sui propri percorsi. Hai capito che il viaggio stesso È la vita che stai vivendo, non la preparazione per qualcos'altro.

E ora sei pronto per qualcosa che forse non ti aspettavi quando abbiamo iniziato questo viaggio.

La Parte VII differisce da tutto ciò che l'ha preceduta. Le parti precedenti riguardavano il vederci chiaro: capire come funzionano effettivamente le cose, riconoscere ciò che ti sei portato dietro, convalidare il motivo per cui il tuo percorso è tuo.

Quest'ultima parte? Riguarda ciò che farai con questa chiarezza.

Nessuna istruzione. Nessuna lista di controllo. Niente «ecco i 5 passi per vivere senza un esame».

Solo alcune osservazioni su come appare effettivamente guidare sul proprio percorso quando smetti di aspettare il permesso. Quando smetti di misurarti rispetto a tutti gli altri. Quando prendi la piena proprietà del volante che hai tenuto in mano per tutto questo tempo.

Hai guidato per diciotto capitoli. Ormai sai come funziona.

Questi ultimi capitoli riguardano la guida con intenzione. Con consapevolezza del proprio ruolo. La comprensione che questo tragitto — questo percorso, questo viaggio, questa vita — spetta completamente, interamente a te navigarlo.

Sei pronto per l'ultimo tratto? Io sì.

Finiamo questo viaggio.

Parte Sette

METTERSI AL VOLANTE

Assumere gradualmente un controllo maggiore.

Capitolo 19

GAREGGIARE CONTRO IL PROPRIO CONTACHILOMETRI

Su questo tratto di autostrada aperta, qualcosa cambia.

Non stai controllando lo specchietto retrovisore per vedere chi c'è dietro di te. Non stai osservando le auto davanti cercando di raggiungerle. Stai guardando il tuo cruscotto. Il tuo contachilometri. Il tuo indicatore che mostra quanta strada hai fatto.

Stessa autostrada. Domanda diversa. Niente più «Siamo quasi arrivati?». Non «Sono più avanti di loro?», ma «Fino a dove posso spingermi?».

La Parte sette inizia qui. Tutto ciò che è venuto prima serviva a vedere con chiarezza: capire l'autostrada, riconoscere ciò che hai trasportato, osservare come gli altri conducenti percorrono le proprie rotte. Hai fatto quel lavoro. Ti sei accostato alle aree di sosta, hai esaminato il bagagliaio, hai lasciato indietro alcune cose.

Ora arriva la parte in cui guidi davvero a modo tuo.

Non perché qualcuno stia dando un voto alla tua prestazione. Non perché tu debba dimostrare di essere migliore dell'auto accanto alla tua. Ma perché vuoi vedere cosa può fare la tua macchina. Fin dove puoi spingerti. Di cosa sei effettivamente capace quando smetti di misurarti con tutti gli altri e inizi a misurarti rispetto al tuo punto di partenza.

Qui non si tratta di gareggiare. Si tratta di arrivare.

La montagna che scali

La gente dice: «Ho conquistato la montagna».

No, non l'hai fatta. La montagna è ancora lì. Non si è arresa. Non ha perso. Sarà lì molto tempo dopo che te ne sarai andato, esattamente alla stessa altezza, completamente indifferente al fatto che tu ne abbia raggiunto la cima o meno.

Quello che hai conquistato è stato te stesso. Il tuo dubbio. La tua paura. I segnali del tuo corpo che ti dicevano di fermarti. La voce nella tua testa che diceva: «Così va bene, possiamo tornare indietro ora?».

La montagna era solo il terreno. L'avversario eri tu.

Lo stesso vale per il tuo percorso. Non stai cercando di battere gli altri conducenti. Stai cercando di battere la versione di te stesso di ieri. L'unica competizione è con il te di ieri. Quello che ha percorso 1.000 miglia in totale. Oggi sei a 1.050. Cinquanta miglia più lontano di quanto tu sia mai stato. Questa è la competizione che conta davvero.

Ogni volta che ti spingi oltre dove eri ieri, stai gareggiando contro il tuo precedente standard. Non quello di qualcun altro. Il tuo. Ieri è andata bene. Oggi può andare ancora meglio.

E questo differisce dalla competizione che hai disimparato nell'area di sosta: questa competizione ti rende migliore invece di renderti amaro.

Quanto lontano puoi andare

La domanda non è «Quanto tempo ci vorrà?». La domanda è: «Quanto lontano posso arrivare davvero?».

John C. Maxwell lo spiega magnificamente nel suo libro *Leadershift*, quando parla del passaggio dagli obiettivi alla crescita:

Compiendo questo passaggio, invece di preoccuparmi di quanto tempo potesse volerci per qualcosa, iniziai a chiedermi: Quanto lontano posso andare? Invece di pensare a cosa stessi ottenendo e quanto dovessi pagare per ottenerlo, iniziai a pensare a chi stessi diventando e all'impatto che avrei potuto avere grazie a ciò. Riconobbi di essere in un viaggio di crescita.[1]

Non gareggiare contro l'orologio. Non gareggiare contro gli altri piloti. Solo vedere di cosa è capace la tua auto. Di cosa sei capace tu. Cosa succede quando smetti di confrontare il tuo percorso con quello di tutti gli altri e inizi a chiederti: «Cosa posso fare meglio di come l'ho fatto ieri?».

Forse ieri hai guidato con pazienza. Oggi hai guidato con pazienza E hai lasciato immettere tre auto senza frustrarti. Progressi.

Forse ieri sei rimasto presente durante la cena con la tua famiglia. Oggi sei rimasto presente E hai messo il telefono in un'altra stanza. Progressi.

Forse ieri hai lavorato al tuo progetto per un'ora. Oggi hai lavorato per un'ora E hai superato il punto in cui di solito ti arrendi. Progressi.

Nulla di tutto ciò ha richiesto di battere qualcun altro. Nulla di tutto ciò ha richiesto di essere in una classifica. Nulla di tutto ciò ha avuto bisogno di una validazione esterna. Non devi puntare «alla luna» per fare progressi.

Dovevi solo sapere: come posso andare più lontano di quanto sia andato ieri?

Questo significa competere contro se stessi. Il tuo sé passato ti sta sfidando: «Prendimi se ci riesci».

I campionati non sono obiettivi

Immagina di giocare a tennis da quando eri giovane. Livello amatoriale, non professionale, ma ti diverti. Sei bravo. Ma ora vuoi passare al livello successivo. Ti sei iscritto a un torneo semi-professionistico, qualcosa che hai sempre voluto provare.

Quindi ti alleni. Ogni giorno dopo il lavoro, sei in campo. Alcuni giorni resti fino a tardi per praticare la volée. Altri giorni lavori sul servizio finché non ti fa male la spalla. Stai facendo tutto il possibile perché vuoi vincere quel trofeo.

Solo che il campionato non dipende interamente da te.

Una chiamata sbagliata dell'arbitro di sedia può rovinare il tuo match. Il tuo avversario potrebbe semplicemente superarti: non è un personaggio secondario nella tua storia; si è allenato duramente quanto te, ha lavorato altrettanto a lungo, proprio come te. O al contrario, forse vinci perché il tuo avversario ha commesso due errori enormi e inconcepibili. Non perché tu abbia giocato meglio di lui, ma perché la tua vittoria è relativa alla sua prestazione in quel giorno specifico.

Puoi controllare il tuo allenamento. Puoi controllare il tuo impegno. Puoi controllare se ti presenti e dai tutto ciò che hai.

Non puoi controllare il risultato.

Il campionato non è l'obiettivo. È una conseguenza.

Persino le squadre sportive professionistiche lo capiscono. Ma i tifosi esigono trofei. Vogliono garanzie. Gli allenatori sanno di non poterlo promettere — sanno che troppe variabili sono fuori dal loro controllo — ma pur sapendolo, devono stare davanti alle telecamere e dichiarare che il loro unico obiettivo è chiaramente il trofeo. È quello che fa vendere i biglietti. È quello che mantiene vivo l'interesse dei tifosi. È quello che dà loro speranza.

Ma a porte chiuse? Il focus è diverso. Possono controllare solo ciò che è in loro potere. Se tutti i membri della squadra fanno ciò che devono, se eseguono i fondamentali, se giocano abbastanza bene, le vittorie inizieranno ad arrivare. Non come qualcosa che hanno forzato a esistere. Come qualcosa che è accaduto perché hanno fatto bene la loro parte.

I tuoi «campionati» potrebbero verificarsi grazie al lavoro. O potrebbero non verificarsi, perché sono in gioco anche cento variabili al di fuori del tuo controllo.

Ma in ogni caso, sei diventato qualcuno di più forte, più capace, saggio, più esperto di quanto fossi all'inizio. La ricompensa esterna è una conseguenza. La crescita interna viene registrata sul tuo contachilometri.

Il più grande del mondo

Diciamo che hai trovato la tua passione. Forse è la lavorazione del legno. Forse è la programmazione. Forse è la fotografia. La ami, sei bravo e vuoi continuare a migliorare.

Quindi, naturalmente, pensi: diventerò il migliore in questo. Il più grande del mondo.

Ma ricorda il Capitolo 6, quando abbiamo parlato di cosa accadrebbe se tutti sparissero? Se tutti quelli più bravi di te sparissero all'improvviso, saresti «il più grande»... e non significherebbe nulla. Il titolo sarebbe vuoto.

Perché «il migliore al mondo» è un bersaglio mobile che non puoi controllare. Dipende da chi si presenta, da cosa porta con sé e da quali vantaggi ha che tu non hai. Ti stai misurando con persone le cui circostanze, risorse e punti di partenza differiscono completamente dai tuoi.

Ma il te di ieri? Quello è un punto fisso. Sai esattamente dove ti trovavi. Sai esattamente di cosa eri capace. Hai dati completi sulla tua prestazione precedente.

Il tuo obiettivo dovrebbe essere quello di essere più grande della tua versione del giorno prima. Tutto qui.

L'etichetta dell'età di cui non hai bisogno

Diciamo che arrivi a 40 anni. Benvenuto al quarto piano. Ora sei «A metà della vita», «Mezza età», «Sul viale del tramonto», «Non più giovane».

Ma ora sai di essere al tuo 100%. Sai che l'etichetta «vecchio» è relativa. Mettiti a Okinawa, in Giappone, circondato da novantenni. Ti senti vecchio a 40 anni? Certo che no. Ti sentirai giovane accanto a loro.

Quindi, se la sensazione è relativa — se cambia a seconda di chi ti circonda — perché ti stai etichettando come se fosse assoluta?

La programmazione per sentirsi vecchi a certe età è solo questo: programmazione. Qualcosa che hai imparato. Qualcosa che la tua cultura ti ha insegnato. Non la realtà.

Non sei vecchio. Non sei giovane. Sei solo al chilometraggio a cui sei arrivato. E domani avrai più chilometri. E il giorno dopo ancora di più.

E se hai bisogno di un'etichetta, eccola: sei giovane.

Ci sarà sempre un gruppo più vecchio di te sul pianeta. Sei solo nel posto sbagliato per fare il paragone.

La vita è come una canzone

Il nostro obiettivo dovrebbe essere quello di goderci la vita mentre viene suonata, non di raggiungerne la fine.

Pensa all'ascolto di una canzone che ami. Non stai lì seduto a pensare: «Non vedo l'ora di sentire l'accordo finale di questa canzone». Non ne misuri il valore dal fatto che raggiunga la fine. La vivi. La lasci sviluppare. Apprezzi ogni battuta man mano che arriva.

Il punto della canzone non è l'ultima nota. Il punto è la melodia, il ritmo, il modo in cui ti fa sentire mentre sta suonando.

Lo stesso vale per il tuo percorso. Il punto non è accumulare quanti più traguardi possibile prima di arrivare alla fine. Il punto non è correre attraverso la vita spuntando caselle — «a qualunque costo» — per dire di aver fatto tutto prima che la musica si fermi.

Il punto è guidare in modo che il viaggio valga la pena di essere intrapreso.

Competere contro se stessi significa rendere ogni tratto di autostrada migliore dell'ultimo. Più intenzionale. Più presente. Più allineato con chi vuoi essere veramente dietro quel volante.

Non correre verso la fine. Solo guidare meglio di come hai guidato ieri, e fermarti quando vuoi, anche se gli altri non si sono fermati.

Hai bisogno o vuoi l'auto costosa?

Notiamo in continuazione persone che comprano prodotti costosi. A volte per comprare uno status, per ottenere validazione. Ma a volte il motivo non è affatto quello — e sai cosa? È perfettamente legittimo!

Stai guidando lungo questa autostrada proprio ora. Guardi il tuo cruscotto, il tuo volante, e ricordi il tuo sogno d'infanzia di guidare un giorno quell'auto speciale che desideravi da bambino. È costosa.

Ma ehi, ora PUOI permettertela. Ha senso nella tua vita. L'acquisto non ti metterà in difficoltà finanziarie. La tua famiglia ti sostiene — fallo.

Vai avanti. Viziatoti.

Questa è la tua vita.

Non per metterti in mostra. Non per guadagnarti ammirazione.

Non per dimostrare nulla a nessun altro. Prendila perché la vuoi. Perché ti rende felice. Perché fa parte della tua rotta.

L'auto non ti definirà. Ti sei già definito nel tuo attuale ramo dell'albero. Non hai bisogno di un'auto per renderti di valore, importante o di successo. Quelle cose sono già vere per te, o non lo sono, a prescindere da ciò che guidi.

Ma se quell'auto ti porta gioia? Se guidarla rende migliore il tuo tragitto casa-lavoro? Se hai lavorato sodo, e questo è qualcosa che desideravi per te stesso? È una ragione sufficiente.

Anche questo è competere contro se stessi. Non la versione di te che comprava le cose per l'approvazione altrui. La versione di te che sa cosa vuole davvero e lo insegue.

Le tue destinazioni sono tue. I tuoi obiettivi sono tuoi. La tua definizione di «meglio» è tua.

L'auto è solo un esempio. Questo si applica a tutto ciò che hai sempre voluto fare della tua vita. Ma anche a ciò che non vuoi.

Rimuovere ciò che in realtà non vuoi

Mo Gawdat, nel suo libro *Solve For Happy*, lo spiega chiaramente:

> La felicità è l'assenza di infelicità. È il nostro stato di riposo quando nulla offusca il quadro o causa interferenze. La felicità è il *tuo* stato predefinito.[2]

Non stai cercando di aggiungere cose per diventare felice. Sei già felice. È il tuo stato predefinito. Non hai bisogno di raggiungere traguardi per essere felice. Non hai bisogno di aggiungere pietre miliari, successi o conferme. Hai bisogno di rimuovere le cose che ti rendono infelice in questo momento, in modo da poter tornare al tuo stato naturale.

Ti ho parlato della collezione di Air Jordan — le aste alle 4 del mattino, le 34 paia, la scadenza immaginaria. Ma non ti ho detto perché lo facevo. Non collezionavo perché amavo ogni paio. Collezionavo per mostrarle a tutti. Per dimostrare qualcosa.

Pensavo che essere il primo della fila a comprare l'uscita successiva mi avrebbe reso felice. Il miglior collezionista.

Non stavo collezionando — stavo compiendo una rapina ai danni della mia stessa felicità.

La stessa cosa con i collezionabili di Star Wars. Spade laser, elmi, tonnellate di roba. Non perché amassi ognuno di essi, ma perché avevo questa urgenza di averli tutti.

Ora? Ho venduto la maggior parte di essi. Conservo ancora quelli che amo — non quelli che piacciono a tutti e che avevo preso proprio per QUELLO. Quelli che amo davvero.

Non ho aggiunto nulla per diventare felice. Ho rimosso la compulsione ad acquistarli, il bisogno di avere «di più», la pressione di stare al passo con quello che collezionavano tutti gli altri.

Ed ecco il pensiero più grande che ho rimosso: pensavo che ci fosse un esame. Quindi volevo mostrare a tutti e compiacere sempre tutti. Questo mi rendeva stressato e infelice. Ero costantemente in modalità ricerca di conferme. Ora, sto facendo del mio meglio per non avere più paura.

Ho imparato a dire di no. Ho imparato che ciò che ottengo è per me, non perché gli altri mi confrontino o mi convalidino.

Ecco cosa significa effettivamente competere contro se stessi. Non «quanto posso accumulare per impressionare gli altri?», ma «cosa voglio davvero per me stesso?».

I tuoi successi non hanno bisogno di conferme esterne. I tuoi progressi non hanno bisogno dell'approvazione degli altri. Non hai nulla da temere. Non stai gareggiando per dimostrare nulla a chi ti guarda.

Stai gareggiando contro il tuo contachilometri. E a volte questo significa rimuovere cose, non aggiungerle. A volte diventare migliore del te di ieri significa lasciare andare ciò che il te di ieri pensava contasse.

L'auto costosa? Prendila se la vuoi TU. La collezione? Tieni ciò che AMI TU. L'obiettivo? Inseguilo perché l'hai scelto TU.

Non perché ci sia una classifica che traccia la tua prestazione. Non perché qualcuno stia valutando le tue scelte. Non perché tu debba dimostrare di essere migliore della versione di te che gli altri si aspettavano.

Solo perché hai deciso che questo è ciò che conta nel tuo percorso.

Senza gareggiare con nessuno. Senza dimostrare nulla. Solo vedendo quanto lontano puoi effettivamente andare quando smetti di fare confronti e inizi a competere con l'unica persona la cui prestazione puoi davvero misurare: il te di ieri.

Non c'è esame che valuti se hai battuto tutti gli altri.

C'è solo il tuo contachilometri, il numero di ieri e la domanda di oggi: quanto lontano posso andare?

Capitolo 20

LE TUE MANI SUL VOLANTE

Forse a questo punto avrai notato una cosa: l'autostrada è piena di situazioni su cui non puoi farci proprio nulla.

Non puoi controllare il meteo. Non puoi controllare i cantieri stradali. Non puoi controllare se il conducente davanti a te frena all'improvviso senza motivo. Non puoi controllare il traffico, gli incidenti, le chiusure stradali o il fatto che tutti si siano immessi in autostrada esattamente nello stesso momento in cui l'hai fatto tu.

Ma puoi controllare il tuo volante.

E non è una cosa da poco. È tutto.

La realtà del volante

Sei tu a controllare dove dirigere la tua auto. Come reagire quando qualcuno ti taglia la strada. Se accelerare, rallentare o cambiare corsia. Le tue mani, i tuoi piedi, la tua attenzione, le tue decisioni.

All'autostrada non importa cosa vuoi. Gli altri conducenti non si coordinano con te. Le condizioni stradali non aspettano la tua approvazione.

Ma il tuo volante? Quello è tuo.

Ed è lì che deve andare la tua energia: su ciò che puoi effettivamente influenzare, non su ciò che vorresti poter controllare ma che non controllerai mai.

Immagina di guidare in una zona dove ci sono dei lavori. Due corsie diventano una sola. Il traffico procede a passo d'uomo. Arriverai in ritardo.

Cosa puoi controllare?

Non puoi controllare l'esistenza del cantiere. Non puoi controllare il fatto che anche tutti gli altri siano bloccati in questo imbuto. Non puoi controllare la velocità dell'auto davanti a te.

Ma puoi controllare se farti prendere dalla frustrazione o accettare la situazione. Se suonare il clacson in modo aggressivo o lasciare che qualcuno si immetta davanti a te. Se peggiorare le cose stando attaccato al paraurti altrui e guidando sotto stress, oppure se attraversare il tratto con calma.

Stesso cantiere. Stesso traffico. Esperienze completamente diverse basate su ciò che hai scelto di controllare.

Permettere il cambiamento, non forzarlo

Il cambiamento avviene, che tu sia pronto o meno.

Il tuo corpo invecchia. Il tuo settore lavorativo si evolve. La tua città cambia. Le tue relazioni si trasformano. La tecnologia avanza. Le tue priorità si riallineano.

Non puoi fermare nulla di tutto ciò. Non puoi congelare il tempo in un momento in cui tutto sembrava perfetto. Non puoi forzare le cose a restare come erano solo perché ti piacevano così.

Il cambiamento non chiede il tuo permesso. Non aspetta la tua approvazione. Semplicemente, accade.

Questa è la maturità. Riconoscere che non controlli l'accadere del cambiamento. Controlli solo se permettergli di fluire o opporre resistenza.

Resistere al cambiamento non lo ferma. Ti rende solo infelice mentre accade comunque. Sprechi le tue energie combattendo contro qualcosa di inevitabile, cercando di aggrapparti a una versione della realtà che non esiste più.

Permettere il cambiamento non significa arrendersi. Significa riconoscere cosa sia effettivamente sotto il tuo controllo.

Se hai dei figli, non puoi controllare il fatto che diventeranno adolescenti con le proprie opinioni e priorità. Ma puoi controllare se lottare contro ciò che stanno diventando o creare lo spazio affinché crescano.

Non puoi controllare che la tua azienda stia ristrutturando. Ma puoi controllare se spendere le tue energie a resistere o ad adattarti alla nuova realtà.

Non puoi controllare che il tuo quartiere sia diverso da com'era dieci anni fa. Ma puoi controllare se restare amareggiato per ciò che non c'è più o trovare valore in ciò che c'è adesso.

Non sei tu a creare il cambiamento. Non lo forzi. Lo permetti.

Davanti al cambiamento, questo è il tuo volante. Controlli la tua risposta, il tuo adattamento, la scelta se accettare l'inevitabile o sprecare energia cercando di impedirlo.

Il cambiamento avverrà. L'autostrada avrà cantieri, deviazioni, nuovi percorsi. Non puoi controllarlo.

Ma puoi controllare come navighi attraverso tutto questo.

Il registro dell'ospedale

Una volta mia moglie fu ricoverata in condizioni molto delicate.

È dura guardare l'amore della tua vita attaccato a un letto, provando un dolore che non puoi portarle via. Ogni fibra del tuo essere vorrebbe fare qualcosa. Risolvere. Far smettere tutto.

Avrei potuto perdere la testa. Facilmente. Sedere su quella sedia sprofondando in una spirale di scenari catastrofici. Iniziare a piangere dentro di me, pensando a quello che sarebbe potuto succedere.

Ma non lo feci. Perché nulla di tutto ciò l'avrebbe aiutata.

Non sono un medico. Non posso fare diagnosi. Non posso prescrivere farmaci. Non posso controllare se lo specialista giusto è di turno, se gli infermieri colgono ogni segnale, se il dottore bloccato nel traffico arriverà in tempo.

Ma potevo tenere un registro.

Iniziai a documentare tutto. Ogni misurazione della pressione. Ogni volta che un monitor emetteva un segnale acustico. Ogni segnale, ogni numero, con l'ora segnata sul mio telefono. Non perché sapessi cosa significasse, ma perché quando il medico sarebbe arrivato, avrei potuto dargli un quadro completo. «Ecco tutto quello che è successo nelle ultime quattro ore».

Non potevo controllare la sua salute. Non potevo controllare l'ospedale. Ma potevo essere complementare alle persone che potevano farlo.

Questo è il cambio di prospettiva. Smetti di cercare di controllare cose al di fuori della tua portata e inizi a chiederti: cosa sono capace di fare esattamente in questo momento? Qual è il volante che posso stringere?

Mia moglie aveva bisogno della mia presenza, non del mio panico. I medici avevano bisogno di dati, non di interferenze. E io avevo bisogno di fare qualcosa con tutta quella paura, invece di lasciare che mi consumasse.

Così tenni il registro. Minuto dopo minuto. Quello era il mio volante. E questo aiutò i medici.

Quindi, guardiamo come tutto questo si applica alla tua vita reale. Dove il volante è effettivamente nelle tue mani. Dove sei tu a decidere su cosa focalizzare la tua energia.

Al lavoro

Molte persone lavorano nella paura.

Paura di essere licenziati. Paura di non essere all'altezza. Paura di perdere il posto se commettono un errore o se non ottengono prestazioni perfette.

Ma ecco come la vedo io: l'azienda sta investendo su di me.

Mi stanno dando un lavoro, uno stipendio, un'opportunità per crescere e far parte di qualcosa di più grande. E io ho intenzione di approfittare di quell'investimento. Non in modo egoistico, ma in modo intelligente. Imparerò. Crescerò professionalmente a un ritmo che non potrei mai raggiungere da solo, senza un'azienda che mi supporta.

Se domani fosse il mio ultimo giorno, vorrei trarre il massimo da oggi. Voglio ispirare i miei colleghi. Voglio spingere i confini della creatività. Voglio concentrarmi sulla mia crescita, il che di conseguenza va a beneficio dell'azienda.

Quest'ordine ha una ragione precisa. Non mi sto concentrando sulla crescita dell'azienda (che è relativa). Mi sto concentrando sulla mia crescita (il mio obiettivo), che aiuta l'azienda (come conseguenza). Ti suonano familiari queste parentesi?

Questo è ciò che posso controllare. Il mio impegno. Il mio apprendimento. Il mio contributo. Il mio atteggiamento. Sono un uomo di parola, e la mia parola è concentrarmi su ciò che posso controllare.

Non posso controllare se l'azienda deciderà di lasciarmi a casa o meno. Non posso controllare le condizioni del mercato, i licenziamenti, le ristrutturazioni o i tagli al budget. Non posso controllare se piaccio al mio superiore o se il mio progetto riceve finanziamenti.

Ma posso controllare se mi presento e faccio un lavoro di cui vado fiero. Se approfitto delle risorse che mi stanno dando. Se divento una persona più capace di quanto fossi ieri. Oggi sono al 100% del mio incarico.

Questo è il mio volante al lavoro. Tutto il resto sono condizioni del traffico.

Le persone che scegli

Non puoi controllare come i tuoi amici reagiscono a te.

Se gli piaci. Se ci saranno quando avrai bisogno di loro. Ma puoi controllare con chi condividi le cose.

A chi racconti i tuoi segreti. A chi chiedi consiglio. Chi inviti a far parte delle tue esperienze. A chi affidi le parti di te stesso che contano.

Stai scegliendo i tuoi passeggeri. E questo è importantissimo.

Perché? Perché magari hai un amico fantastico con cui farti due risate, ma totalmente negato per le conversazioni serie. Non puoi controllare il suo comportamento: è fatto così (e non è un NPC). Ma puoi controllare se cerchi di avere conversazioni profonde e vulnerabili con lui per poi sentirti ferito quando non risponde come avresti voluto.

Forse hai un amico che è straordinario nel dare consigli pratici ma pessimo nel supporto emotivo. Non puoi cambiarlo. Ma puoi controllare se vai da lui quando hai bisogno di un abbraccio o quando hai bisogno di aiuto per risolvere un problema.

Non stai controllando le loro reazioni. Stai controllando chi ha accesso a quali parti del tuo viaggio. Sei tu a decidere chi siede al posto del passeggero e chi viene invitato per viaggi specifici.

Lo stesso vale per le relazioni sentimentali.

Non puoi far innamorare qualcuno di te. Non puoi costringere la persona che ti piace a ricambiarti. Non puoi manipolare qualcuno affinché voglia stare con te. Non puoi forzare quel tipo di legame. Non puoi fare pressione su qualcuno affinché accetti una relazione solo perché hai organizzato una plateale proposta pubblica che lo mette alle strette davanti a una folla, facendogli sentire l'obbligo di dire di sì perché tutti lo stanno guardando.

Quello non è amore. In quel caso non stai nemmeno pensando ai suoi sentimenti.

E non puoi guidare o controllare i suoi sentimenti. Non ci riuscirai mai.

Ma puoi controllare come ti presenti. Se sei trasparente. Se comunichi onestamente. Se mostri le parti migliori di te: non una versione falsa, non una recita, ma proprio il te genuino senza fingere di essere qualcun altro.

Se hai una relazione, puoi controllare come ti prendi cura del tuo partner. Come lo fai sentire visto, ascoltato, capito. Come lo incoraggi. Come lo sostieni.

Non puoi controllare come reagirà. Se ricambierà. Se resterà o se ne andrà.

Ma puoi controllare il tipo di partner che sei. Il tipo di energia che porti. Il tipo di attenzione che dai.

Questo è il tuo volante con le persone che scegli. Mani ben salde, ma non afferrare il loro volante.

Famiglia

I tuoi genitori — le persone che ti hanno cresciuto — stanno invecchiando. Non puoi controllare la loro salute, il loro tempo o il fatto che con l'età avranno bisogno di più aiuto, più cure, più sostegno.

Però puoi controllare l'essere presente quando succederà. Puoi controllare di non lasciarli soli e indifesi. Puoi controllare di dar loro dignità e cure quando ne avranno più bisogno.

Se condividi la vita con il tuo partner, la sua famiglia diventa parte del tuo mondo. I suoi genitori, i fratelli, la rete di parenti: sono tutti collegati a te ora, attraverso la persona a cui tieni.

Non puoi controllare se gli piaci. Se ti accettano subito o se ci mettono anni a sciogliersi. Le loro opinioni, i loro giudizi, i loro commenti durante i pranzi di famiglia.

Ma puoi controllare come li tratti. Puoi farli sentire parte della tua famiglia. Puoi onorare la fiducia che hanno dimostrato accogliendoti nelle loro vite: stanno condividendo con te qualcuno che amano.

Non puoi obbligarli a vederti in un certo modo. Ma puoi essere qualcuno che vale la pena vedere.

Se hai dei figli, puoi controllare quanto sei bravo come genitore: essere un modello, essere presente, paziente, intenzionale.

Non puoi controllare come diventeranno, le scelte che faranno crescendo o se si ricorderanno di te nel modo in cui speri.

Ma puoi controllare la tua presenza. Esserci. Guidare in un modo che dia loro qualcosa che valga la pena ricordare.

Questo è il tuo volante con la famiglia. Non controlli le loro reazioni o i risultati. Controlli le tue azioni e la tua presenza.

Nella vita quotidiana

Non puoi controllare il traffico. Ma puoi lasciar passare le tre auto che vogliono immettersi davanti a te senza innervosirti, rendendo il loro tragitto un po' meno stressante.

Non puoi obbligare le persone ad apprezzarti. Ma puoi dare il buongiorno a tre persone diverse e illuminare la loro giornata senza aspettarti nulla in cambio.

Non puoi controllare la persona dietro di te. Ma puoi tenerle aperta la porta, un piccolo gesto che non ti costa nulla e rende il mondo leggermente migliore.

Non puoi controllare se la gente ti rispetta. Ma puoi essere rispettoso, anche quando il rispetto non ti viene ricambiato.

Non puoi controllare se la tua giornata andrà bene. Ma puoi far sì che la giornata di qualcun altro vada meglio.

Non puoi controllare quanto a lungo vivranno i tuoi animali domestici. Ma puoi controllare come dar loro una vita degna di un animale amato.

Nulla di tutto questo ha a che fare con l'essere un santo. Nulla di tutto questo riguarda il fare del bene per ricevere riconoscimenti. Si tratta semplicemente di riconoscere che il volante è nelle tue mani. Sei tu a decidere come guidare.

Ogni interazione è una scelta. Ogni reazione è una decisione. Ogni momento in cui potresti peggiorare le cose o migliorarle: quello è il tuo volante. Mettiti un sorriso in faccia.

Questo lo controlli tu.

Il tuo volante. La tua corsia. Le tue azioni.

È qui che avviene la vera competizione con il te stesso di ieri. Non controllando l'autostrada. Ma controllando come ci guidi sopra.

Capitolo 21

IL MODO IN CUI HAI GUIDATO È CIÒ CHE CONTA

Dopo tutti questi chilometri, ciò che hai costruito senza rendertene conto non è un trofeo. Non è un monumento. Non è una collezione di successi da mostrare quando qualcuno ti chiede cosa hai ottenuto.

Ciò che hai costruito è l'influenza.

Non quella che compare nel tuo testamento. Non quella che viene divisa tra gli eredi. Non quella che si logora, si svaluta o viene svenduta a un'asta giudiziaria.

Quella che resta nelle persone molto tempo dopo che avrai smesso di guidare.

Prendere il volante significa farsi carico della propria eredità — ciò che stai lasciando dentro le persone in questo preciso momento, non ciò che lascerai loro in futuro.

L'auto o lo stile di guida

Potresti lasciare a tuo figlio la tua auto. Passaggio di proprietà effettuato, chiavi consegnate, veicolo a suo nome. Questa è successione. È qualcosa PER lui.

Oppure potresti insegnargli come l'hai guidata. Come hai affrontato le strade difficili. Come sei rimasto paziente nel traffico. Come ti sei orientato quando non conoscevi il percorso. Come hai preso decisioni quando il tempo è peggiorato. Tramandaglielo.

Questa è eredità. È qualcosa DENTRO di lui.

Chiunque può comprare un'auto. Non tutti hanno la fortuna di imparare dal guidatore che ha insegnato loro come gestirne una.

L'auto, alla fine, si guasterà. Avrà bisogno di riparazioni, poi di altre riparazioni, finché un giorno non varrà più la pena aggiustarla. È così che funzionano le macchine.

Ma il modo in care gli hai insegnato a guidare? Quello resta. Diventa parte del modo in cui lui percorre la propria rotta. Influenza il suo modo di guidare per il resto della vita.

Non è qualcosa che puoi lasciare in un testamento. È qualcosa che lui porta con sé perché ha viaggiato al tuo fianco.

Cosa si trasmette davvero

Il denaro si trasmette. Le proprietà si trasmettono. I possedimenti si trasmettono.

Ma queste cose non possono mostrare a qualcuno come restare calmi quando tutto sembra caotico. Non possono insegnare a un amico come analizzare un problema da un'altra angolazione. Non possono dare al tuo partner la sensazione di essere veramente visto e compreso.

Quelle cose? Quelle si trasmettono solo attraverso la presenza. Attraverso il tempo passato a viaggiare insieme. Attraverso i momenti in cui ti hanno guardato gestire qualcosa e hanno pensato: «È così che voglio affrontarlo anch'io».

Probabilmente i tuoi genitori ti hanno lasciato delle cose. Forse una casa, forse dei risparmi, forse cimeli di famiglia. E quelle cose possono essere stai utili, possono aver avuto un significato.

Ma cosa porti con te, effettivamente, di loro?

Porti con te il modo in cui tua madre restava calma durante le emergenze. Porti con te il modo metodico in cui tuo padre affrontava i problemi. Porti con te i valori che hanno vissuto, non quelli di cui hanno solo parlato. Porti con te le lezioni che ti hanno mostrato attraverso il loro modo di guidare, non le prediche che ti hanno fatto su come avresti dovuto guidare tu.

Gli oggetti fisici? Sono piacevoli. Ma non sono l'eredità.

La loro eredità è DENTRO di te. Nel tuo modo di pensare. Nel tuo modo di reagire. Nel modo in cui percorri la tua rotta.

L'eredità che chiunque può comprare

I possedimenti si logorano. Il denaro finisce. Le cose si rompono, si svalutano, si perdono, vengono rubate, diventano obsolete.

Quell'eredità che hai ricevuto? Ha servito a uno scopo. È stata d'aiuto. Ma se si trattava solo di soldi o proprietà, qualcun altro avrebbe potuto darti la stessa cosa.

Cosa non avrebbe potuto darti nessun altro? Il modo specifico di pensare dei tuoi genitori. L'approccio particolare che avevano verso la vita. La prospettiva unica che portavano nei problemi. Il modo in cui ti facevano sentire capace anche quando dubitavi di te stesso.

Questo è insostituibile. È questo che conta davvero.

L'eredità materiale? È un livellatore. Dai a dieci persone 100.000 euro a testa e avranno tutte la stessa somma. La transazione è identica.

Ma l'influenza? L'influenza è unica. Il modo in cui hai condizionato il pensiero di qualcuno, il modo in cui hai cambiato la percezione che hanno di se stessi, il modo in cui hai influenzato il loro percorso — quella è una cosa che solo tu potevi dare loro. Nessun altro possiede la tua esatta combinazione di esperienze, prospettive e presenza.

Questa è un'eredità che dura nel tempo.

Cosa preferiresti?

Se potessi scegliere, preferirei che i miei genitori vendessero quell'auto di lusso adesso — che prendessero tutto ciò che hanno risparmiato — e usassero quei soldi per se stessi. Sono i loro soldi. Li hanno guadagnati. Meritano di goderseli.

Forse significa viaggiare. Forse significa fare finalmente quella cosa di cui hanno sempre parlato. Forse significa quel viaggio on-the-road che hanno rimandato per decenni. Saremo felici di unirci a loro se ci vorranno — ma è la loro corsa. La loro rotta. I loro chilometri da percorrere come preferiscono.

Qualunque cosa porti loro gioia finché sono ancora qui per viverla.

Quando non ci saranno più, non farò tesoro dell'«auto di lusso». Non la guiderò pensando: «Sono così felice che l'abbiano conservata per me». Probabilmente la venderò e cercherò di capire cosa fare con tutta la roba che hanno lasciato.

Ma averli visti vivere davvero? Vedere che si sono goduti ciò che hanno costruito invece di limitarsi a preservarlo per noi? Questo resta con me.

Vedere mio figlio osservare i suoi nonni non come persone che hanno risparmiato tutto per il futuro, ma come persone che hanno saputo vivere finché potevano.

Questa è l'eredità che custodisco.

Non la casa piena di oggetti che finirò per buttare via. Non l'auto di lusso che venderò perché non si adatta alla mia vita. Ma il ricordo di averli visti felici. La prova che non hanno solo lavorato tutta la vita per lasciarsi delle cose alle spalle — si sono goduti il viaggio.

È questo che sceglierei per loro. Ogni singola volta.

Perché i possedimenti vengono divisi, venduti, persi, dimenticati. Ma quelle esperienze? Quelle diventano parte di come li ricordo. Quelle diventano parte di ciò che porto con me. Quelle diventano parte di ciò che racconterò a mio figlio su chi fossero i suoi nonni.

Questa è la loro eredità. Non ciò che hanno lasciato PER me, ma ciò che hanno lasciato IN me.

Sei un passeggero nel loro viaggio

Ecco un altro punto di vista. Hai pensato ai passeggeri nella tua auto. Alle persone che viaggiano con te. Alle diverse versioni di te stesso che hanno conosciuto.

Ma sei anche un passeggero nell'auto di qualcun altro.

Se hai dei figli, il loro viaggio non spetta a te guidarlo. Viaggi con loro, ma non sei tu alla guida. Ciò che conta è chi c'è al volante. E non sei tu.

Sei sul sedile del passeggero, magari offri indicazioni, magari indichi cose che non hanno notato, ma in ultima analisi sono loro a controllare dove va l'auto.

Lo stesso vale per il tuo partner. I tuoi amici. I tuoi colleghi. Chiunque faccia parte della tua vita.

Non guidi sulla loro rotta. Li accompagni per una parte del percorso. A volte resti con loro per anni. A volte solo per pochi chilometri. Ma non sei mai al loro posto di guida — quello appartiene solo a loro.

Ciò che puoi fare è influenzare il loro modo di guidare.

La sicurezza che provano nel percorrere la loro rotta? Tu hai inciso su quella.

Il modo in cui affrontano gli ostacoli? Hai mostrato loro approcci che potrebbero non aver considerato.

La pazienza che mettono nei tratti difficili? Ne hanno imparata una parte guardando te.

Non hai guidato al posto loro. Hai guidato CON loro. E questo ha reso la loro guida diversa da quella che sarebbe stata senza di te.

Questa è la TUA eredità nel loro viaggio.

L'odometro che resta

Quando il viaggio di qualcuno termina, il suo contachilometri non scompare.

Pensaci un attimo. Quando qualcuno che ami smette di guidare — quando parcheggia per l'ultima volta — tutti quei chilometri che ha percorso, tutte quelle rotte che ha tracciato, tutta quella distanza che ha coperto... non svanisce nel nulla.

Resta. In chiunque abbia viaggiato con lui.

Stai ancora portando con te chilometri percorsi dai tuoi cari. Rotte che ti hanno mostrato. Svolte che ti hanno insegnato a prendere. Modi di pensare che ti hanno trasmesso durante lunghi viaggi insieme. Ogni generazione migliore della precedente.

Loro non guidano più. Ma il loro chilometraggio continua ad accumularsi — in te. Nel tuo modo di guidare. Nelle scelte che fai. Nelle rotte che prendi, perché loro ti hanno mostrato che quelle strade esistevano.

Il loro odometro è rimasto. La loro influenza continua.

Non è una metafora. Non è una filosofia consolatoria per far sembrare la morte meno definitiva. È semplicemente ciò che accade davvero quando hai influenzato profondamente qualcuno.

Diventi parte del modo in cui navigheranno il resto del loro viaggio.

Come li hai fatti sentire

Il tuo amico non ricorderà ogni conversazione che hai avuto. Tuo figlio non ricorderà ogni singolo consiglio che gli hai dato. Il tuo partner non ricorderà ogni appuntamento che hai pianificato.

Ma ricorderanno come li hai fatti sentire.

Li hai fatti sentire capaci? Li hai fatti sentire visti? Hai dato loro la sensazione di poter gestire qualunque strada si trovassero davanti?

O li hai fatti sentire inadeguati? Costantemente paragonati a qualcun altro? Come se non fossero mai all'altezza?

Quella sensazione — quella è ciò che resta. Diventa parte del modo in cui vedono se stessi. È ciò che influenza la loro guida per anni dopo che hai smesso di viaggiare con loro.

Potresti aver dato loro un'auto. Potresti aver pagato per la loro istruzione. Potresti aver lasciato loro dei soldi.

Ma se nel farlo li hai fatti sentire incompetenti? Se li hai fatti sentire come se nulla di ciò che facevano fosse mai abbastanza? Se li hai fatti sentire sotto costante esame e sempre mancanti di qualcosa?

Ciò che hai lasciato non è l'auto o la laurea o l'eredità. La tua eredità è quella sensazione.

Ed è quella che dura.

I passeggeri che hai già influenzato

Guidi da anni. Decenni, probabilmente. E per tutto questo tempo, hai avuto dei passeggeri.

Le persone sono state nella tua macchina, osservando come gestivi lo stress. Osservando come reagivi quando le cose andavano male.

Osservando come trattavi gli altri guidatori. Osservando come ti orientavi quando eri sperduto.

Se hai dei figli, ti hanno visto stringere troppo forte il volante quando i soldi scarseggiavano. Hanno assorbito quell'ansia, che tu ne abbia parlato o meno.

Se hai un partner, ti ha visto gestire i conflitti — se sei rimasto calmo o se hai alzato i toni, se hai ascoltato o se ti sei messo sulla difensiva. Questo gli ha mostrato qualcosa su come funzionano i disaccordi nella tua vita condivisa.

I tuoi amici hanno osservato come parlavi delle persone che non erano presenti. Se eri gentile o critico. Se potevano fidarsi di te con informazioni riserva o se tutto diventava pettegolezzo.

Stavi insegnando loro per tutto il tempo. Non con le prediche. Con la presenza. Con l'esempio. Attraverso la versione di te stesso che emergeva quando pensavi che nessuno prestasse poi tanta attenzione.

E invece prestavano attenzione.

E ora guidano portando con sé un po' di ciò che hai mostrato loro.

Questa è già la tua eredità. Sta già accadendo. Stai già lasciando qualcosa DENTRO le persone che ti circondano.

L'unica domanda è: che cosa stai lasciando?

Non puoi controllare i loro ricordi

Ricordi la parte precedente di questo viaggio in cui dicevamo che i ricordi appartengono agli altri? Che non puoi controllare cosa ricordano o come lo ricordano.

Lo stesso vale qui.

Non puoi costringere le persone a ricordarti in un certo modo. Non puoi scrivere il copione di come vivrai nelle loro menti. Non puoi controllare se si concentreranno sui tuoi momenti migliori o sui peggiori.

Il loro ricordo di te è loro. La loro esperienza di viaggio con te è loro. La versione di te che porteranno avanti è la loro versione, non quella corretta da te.

Ma ecco cosa puoi controllare: chi sei mentre guidi.

Puoi controllare la tua presenza. Puoi controllare se essere paziente o reattivo. Puoi controllare se far sentire le persone capaci o inadeguate. Puoi controllare se i tuoi passeggeri lasceranno la tua auto migliori per aver viaggiato con te.

Non puoi controllare cosa ricordano. Ma puoi controllare cosa dai loro da ricordare.

E questo conta più di quanto pensi.

I defunti con cui guidi ancora

Non sei solo nella tua auto in questo momento. Lo sai, vero?

Tutti coloro che ti hanno influenzato — chiunque ti abbia mostrato come gestire certe strade, che ti abbia insegnato approcci che usi ancora, che ti abbia dato prospettive che porti ancora con te — viaggiano ancora con te.

Tuo nonno, che ti ha insegnato a restare calmo nelle emergenze? È lì quando gestisci una crisi senza farti prendere dal panico.

La tua insegnante che ti ha mostrato come scomporre problemi complessi? È lì quando affronti qualcosa di schiacciante e sai come affrontarlo pezzo dopo pezzo.

Tuo cugino che ti ha insegnato che va bene prendere la strada panoramica a volte? È lì quando rallenti per goderti qualcosa invece di sfrecciare davanti.

Non ti rendi conto di quanto apprezzi qualcosa finché qualcuno non te lo toglie.

Loro non guidano. Ma la loro influenza è ancora attiva. I loro chilometri continuano ad accumularsi perché tu stai ancora applicando ciò che ti hanno insegnato.

Questa è la vera eredità. Non monumenti o conti bancari o possedimenti divisi tra eredi.

È il modo in cui la presenza di qualcuno continua a influenzare il tuo modo di guidare molto tempo dopo che lui si è fermato.

Cosa stai costruendo proprio ora

Ogni volta che sei presente per qualcuno — presente davvero, non solo fisicamente ma autenticamente lì — stai costruendo la tua eredità.

Ogni volta che fai sentire qualcuno capace invece che inadeguato, stai lasciando qualcosa DENTRO di lui.

Ogni volta che mostri pazienza invece che impazienza, stai insegnando a qualcuno come gestire la frustrazione.

Ogni volta che resti presente invece di distrarti, stai mostrando a qualcuno cosa significa dare valore al momento che stai vivendo.

Non stai costruendo un monumento. Non stai accumulando traguardi per il tuo elogio funebre. Non stai raccogliendo prove del fatto che sei stato importante.

Stai influenzando il modo di guidare delle persone. Adesso. Oggi. In questo preciso momento.

Questa è la TUA eredità.

Non ciò che lascerai quando te ne sarai andato. Ma ciò che stai lasciando DENTRO le persone mentre sei qui.

L'unica competizione che conta per questo

Competere contro te stesso, come abbiamo detto prima, significa essere migliore oggi di quanto fosti ieri.

Significa chiederti: sto facendo sentire le persone più capaci o meno capaci rispetto a ieri? Sono più presente o più distratto? Sto influenzando le persone verso la pazienza o verso l'ansia?

Stai competendo con la versione di te stesso di ieri come presenza nella vita degli altri.

Non con quel «ho avuto più successo?». Non con «ho ottenuto di più?».

Ma con «ho fatto sentire le persone intorno a me più capaci di gestire le proprie rotte?».

Questa è la competizione che determina ciò che lascerai davvero.

Il volante che controlli

Controlli la tua presenza. Controlli il tuo esempio. Controlli se rendi il viaggio di qualcuno più facile o più difficile per il modo in cui ti siedi al suo fianco.

Non controlli la loro rotta. Non controlli la loro destinazione. Non controlli se ti ricorderanno con affetto o se il loro ricordo si concentrerà su momenti che vorresti poter rifare.

Ma controlli chi sei proprio ora, in questo momento, con le persone che viaggiano con te.

E questo conta.

Tra anni, quando non ci sarai più, loro staranno ancora guidando con qualcosa che hai dato loro.

Cosa vuoi che sia?

Non cosa vuoi che pensino di te. Non come vuoi essere ricordato. Ma cosa vuoi lasciare DENTRO di loro che renda il loro viaggio migliore?

La tua pazienza? Il tuo modo di analizzare i problemi? La tua capacità di restare calmo quando le cose si fanno caotiche? Il tuo rifiuto di paragonare la loro rotta a quella di chiunque altro?

Questo è ciò che resta davvero. Questo diventa parte del modo in cui navigheranno nelle loro vite.

L'eredità non riguarda te. Riguarda loro.

Ciò che lasci DENTRO le persone — è questo che conta. Vivere una vita che valga la pena di essere ricordata.

Questo è ciò che dura. Questo continua a influenzare rotte che non percorrerai mai.

L'auto viene venduta. Il denaro viene speso. La casa viene tramandata o venduta.

Ma il modo in cui hai fatto sentire qualcuno? L'approccio alla vita che hai mostrato? La sicurezza che hai costruito in loro? La prospettiva che hai condiviso?

Quello resta. Diventa parte del loro contachilometri. Continua ad accumulare chilometri molto tempo dopo che hai smesso di guidare.

Non c'è esame che valuti se hai lasciato la giusta quantità di denaro o l'eredità perfetta.

Ci sono solo le persone con cui hai viaggiato, l'influenza che hai avuto e ciò che porteranno avanti perché tu eri lì.

Questa è l'eredità che conta.

E la stai costruendo proprio ora.

Parte Otto

ACCOSTARE

Raggiungendo la mia meta, mentre la tua è ancora avanti.

Capitolo 22

OLTRE IL TUO SPECCHIETTO RETROVISORE

Chilometro dopo chilometro, il tuo specchietto retrovisore ti mostra qualcosa che non puoi controllare.

Hai trascorso l'intero viaggio imparando a conoscere il tuo percorso. Il tuo contachilometri. Il tuo volante. Il tuo ritmo. Tutto ciò che accade sulla strada intorno a te, tutto ciò che riesci a vedere mentre guidi.

Ma che dire di dopo?

Cosa succede quando qualcuno prende un'uscita che tu non prendi? Quando si immette nel traffico e scompare dalla tua vista? Quando le auto dietro di te diventano puntini in lontananza, per poi svanire del tutto?

La Parte otto riguarda ciò che prosegue oltre il tuo specchietto retrovisore.

Quelle auto che erano proprio dietro di te venti minuti fa? Ora sono puntini. Alcune hanno preso delle uscite. Alcune hanno cambiato corsia. Alcune sono ancora là dietro da qualche parte, ma non riesci più a distinguere quali siano.

Stanno tutte proseguendo su percorsi che non vedrai mai. Percorsi che hai influenzato senza sapere dove portassero.

È questo che esplora quest'ultimo tratto.

L'influenza che sprigioni

C'era un film negli anni '90 intitolato *Twenty Bucks*. L'intera trama segue una specifica banconota da venti dollari mentre passa di persona in persona. Un regalo di nozze diventa la mancia per una spogliarellista, che diventa il pasto di un senzatetto, che diventa il biglietto dell'autobus per qualcun altro. Ogni persona ha il suo momento con la banconota, poi questa passa alla mano successiva, viaggiando attraverso vite e storie che il precedente possessore non vedrà mai.

La tua influenza funziona esattamente come quella banconota da venti dollari.

Tu influenzi qualcuno. Magari lo hai lasciato inserire nel traffico. Magari hai detto buongiorno quando quella persona aveva bisogno di sentire una voce umana. Magari hai tenuto aperta la porta mentre era carica di pacchi. Quell'influenza entra nella sua vita, diventa parte del suo modo di vedere il mondo e, potenzialmente, influenza il modo in cui tratterà la persona successiva. E poi continua a viaggiare — di mano in mano, di vita in vita, di percorso in percorso.

Non avrai mai la possibilità di seguire dove va a finire.

Immagina se potessi farlo. Immagina se avessi quella macchina da presa onnisciente del film, che traccia la tua influenza come tracciava quella banconota da venti dollari. Vedresti esattamente dove sono arrivati i tuoi piccoli gesti. Attraverso il tuo quartiere. Attraverso la tua città. Attraverso persone che non incontrerai mai, che sono state influenzate da qualcuno che tu hai influenzato, che a sua volta è stato influenzato da qualcosa che hai fatto un martedì mattina quando non ci stavi nemmeno pensando.

Nel bene o nel male, vedresti l'onda d'urto completa. Ogni increspatura. Ogni direzione in cui la tua influenza ha viaggiato. Ogni percorso che ha cambiato.

Ma non puoi. Non hai quella macchina da presa. Ti limiti a sprigionare la tua influenza nel mondo e a confidare che stia viaggiando verso luoghi oltre la tua visuale.

E a volte — più spesso di quanto pensi — quell'influenza crea increspature che non vedrai mai. Cambia percorsi in modi che non conoscerai mai. Colpisce persone che non incontrerai mai.

Le storie degli ingorghi stradali

Ogni volta che c'è un ingorgo in un film, la macchina da presa fa la stessa cosa. Un'ampia inquadratura aerea che scansiona centinaia di auto, poi zooma per trovare il veicolo del protagonista. Tutti gli altri sono solo traffico. Sfondo. Comparse. Ostacoli nella storia del protagonista.

E se proprio ora la macchina da presa facesse invece uno zoom all'indietro? E se potessimo scegliere una macchina qualsiasi in questo ingorgo e seguire la sua storia a ritroso?

La donna nella berlina blu. Si è svegliata alle 5:30 stamattina anche se non doveva essere al lavoro prima delle 9:00. Ha preparato la colazione per sua figlia. Ha preparato il pranzo al sacco. Non è di questa città — si è trasferita qui tre anni fa per un lavoro che prometteva avanzamenti di carriera mai arrivati. Sta pensando a sua madre, rimasta al paese d'origine, che sta invecchiando e potrebbe aver bisogno di lei presto. L'ingorgo la sta facendo arrivare in ritardo alla riunione che potrebbe finalmente cambiare le cose, o confermarle che deve iniziare a guardarsi intorno.

Torna ancora più indietro. Dieci anni. Era al college, in una città completamente diversa, frequentava qualcuno che pensava avrebbe sposato, finché non è finita. I suoi genitori volevano che tornasse a casa dopo la laurea, ma lei si è rifiutata. Quella decisione — quel rifiuto — l'ha portata in questa città, in questo lavoro, in questo momento bloccata nel traffico a chiedersi se avesse fatto le scelte giuste.

E stiamo solo fantasticando sul passato di una sola persona. Un'auto sola. In un ingorgo con centinaia di esse.

È questa la consapevolezza che apre gli occhi. Ogni persona che hai incontrato oggi — la guardia giurata in banca, il cassiere al mercato, la persona che ti ha tagliato la strada senza freccia — hanno tutti un passato così profondo. Sono stati tutti bambini un tempo, con giocattoli preferiti e cartoni animati del cuore e sogni su come sarebbe stata la loro vita da grandi.

E se ognuno ha un passato così complesso che lo ha condotto a questo esatto momento, allora ognuno ha anche una storia futura. Dove andrà dopo essersi incrociato con te. Cosa succederà dopo sul suo percorso dopo che le tue strade si sono incroci per quei pochi secondi.

La tua influenza — il tuo lieve gesto o il tuo momento di impazienza — diventa parte di quella storia futura. Noi vediamo solo le parti delle persone che vogliamo vedere — ma la tua influenza raggiunge parti di loro di cui non sarai mai testimone. Parte di dove andranno dopo, su percorsi che non vedrai mai.

Le strade che hanno preso dopo di te

Hai lasciato che qualcuno si immettesse. Ti ha fatto un cenno di ringraziamento. Hai continuato entrambi a guidare.

Dove stava andando? Forse stava correndo a prendere un volo per il funerale di sua nonna. Forse il tuo gesto — quei tre secondi che gli hai concesso — ha fatto la differenza tra prendere quel volo e perderlo. Tra dire addio e vivere con il rimpianto.

O forse stava solo andando a fare la spesa, e gli hai fatto risparmiare trenta secondi.

Non saprai mai quale delle due sia la verità.

Proprio ora, da qualche parte sui social media, potrebbe esserci un post: «Grazie allo sconosciuto che mi ha fatto passare stamattina quando ero in ritardo per il colloquio più importante della mia vita». Non vedrai mai quel post. Non conosci nemmeno il suo nome. Hai solo creato spazio, lui si è immesso, tu hai continuato a guidare.

Quel collega che è in difficoltà — forse sta affrontando una malattia in famiglia, forse sta solo cercando di non crollare. O lo studente straniero lontano da casa che cerca di orientarsi in un ambiente completamente nuovo. Non devi scavare nelle loro vite. Non hai bisogno del loro passato per sapere che raggiungere questo momento di fronte a te ha probabilmente richiesto più sforzo di quanto immagini.

Se li aiuti in modo significativo — se mostri pazienza quando commettono un errore, se li includi quando sembrano persi, se li calcoli quando tutti gli altri li trattano come parte dell'arredamento — diventi parte del loro contachilometri a partire da oggi. Parte del percorso che ricorderanno quando ripenseranno a questo periodo della loro vita.

Il cassiere che sta passando una mattinata terribile finché qualcuno non lo guarda negli occhi e gli dice buongiorno. La guardia giurata che viene trattata come un oggetto fisso finché qualcuno non si ricorda che è una persona. Lo sconosciuto carico di pesi che aveva solo bisogno di qualcuno che gli tenesse la porta senza farlo sentire un peso.

I tuoi piccoli atti cambiano la loro direzione successiva. E poi loro vanno via. Prendono uscite. Si immettono in corsie che non percorrerai mai. Continuano su percorsi che non vedrai mai.

E qualunque cosa sia successa dopo nel loro viaggio — ovunque la tua influenza sia arrivata nel loro modo di pensare, nelle loro scelte, nel loro trattamento della persona successiva — ora è oltre la tua visuale.

Il nome del vicino

A volte siamo completamente ciechi nei confronti delle persone che ci sono vicine. Due anni fa, ebbi una lite silenziosa con il mio vicino per un posto dove mettere la spazzatura. Una cosa semplice. Una cosa stupida. Il punto era proprio a metà tra le nostre proprietà sul marciapiede, ed entrambi vivevamo lì da meno di un anno. Quasi ogni sera, chiunque portasse fuori la spazzatura per secondo spingeva i sacchi dell'altro verso la sua proprietà.

Meschino. Ma continuava a succedere.

Poi un giorno sbottai. Lo vidi farlo dalla finestra. Uscii urlando. Discutemmo. Alla fine concordammo di tenere la spazzatura nello stesso punto ma rivolta verso le rispettive case. Il battibecco finì. Tornai dentro.

Dieci minuti dopo dissi a mia moglie: «Vado alla sua porta».

Lei pensava che ci andassi per cercare rissa.

Suonai il campanello. «Ciao, sono io, il tuo vicino».

«Sono qui per scusarmi».

Spiegai che avevo avuto una brutta giornata al lavoro. Che ero sbottato. Che non c'erano scuse per avergli urlato contro per una cosa stupida come un posto per la spazzatura.

Lui sorrise. Ci scambiammo i numeri di telefono.

Il suo nome è Charly.

Questo dettaglio è importante perché fino a quel momento lui era solo «il vicino». Un ostacolo. Qualcuno che mi rendeva la vita difficile. Nel momento in cui mi sono scusato, nel momento in cui ho ammesso di aver sbagliato, è diventato una persona con un nome. Qualcuno che avrei imparato a conoscere. Qualcuno che sarebbe diventato un vicino più cordiale — salutando quando ci vediamo, tenendo d'occhio le rispettive proprietà.

Questo è cambiato visibilmente tra noi.

In che modo quel momento ha influenzato la sua vita oltre alle nostre interazioni di vicinato? Non lo saprò mai. D'altronde, non era quello il motivo per cui l'avevo fatto.

Ha cambiato il suo modo di pensare al conflitto? Quando qualcuno perde la pazienza con lui ora — al lavoro, in famiglia, con gli amici — si ricorda che il suo vicino tornò dieci minuti dopo per scusarsi? Questo lo rende più propenso a smorzare i toni invece di portare rancore?

Come si è propagata quella scusa nel suo essere genitore? Nelle sue amicizie? Nella sua visione del mondo riguardo alle persone che scattano?

Non lo so, e non ho bisogno di saperlo. Non è mai stato quello il motivo per cui sono tornato indietro. Non stavo cercando di creare alcun effetto a catena o di dare una lezione sulla risoluzione dei conflitti. Magari non ha cambiato nulla — magari era già un tipo in gamba e io ancora non lo sapevo. Forse le scuse sono state importanti per lui, forse no.

Il suo percorso è continuato oltre il mio specchietto retrovisore. Posso vedere che ora siamo buoni vicini. Tutto il resto? È oltre ciò che posso vedere.

L'influenza che ferisce

Non si tratta solo di increspature positive. A volte la tua influenza crea danni che non vedi mai.

Ti sei immesso senza mettere la freccia. Non ti sei accorto che l'auto dietro di te ha dovuto inchiodare per evitare l'impatto. Il bambino sul sedile posteriore si è spaventato, ha iniziato a piangere. La madre si è stressata e non poteva accostare sulla superstrada sopraelevata per confortare il figlio. Tu sei andato avanti del tutto inconsapevole di quanto accaduto.

La tua impazienza ha influenzato il percorso di qualcuno, e tu non ne avevi idea.

O sei alla cassa. Il cassiere commette un errore scansionando qualcosa. Mostri frustrazione — non sbraitando, solo con uno sguardo, forse un sospiro. Quello sta già passando una giornata difficile. Si sente già inadeguato. La tua reazione conferma la sua paura di essere incapace nel suo lavoro.

Torna a casa sentendosi peggio con se stesso a causa di un'interazione di due secondi che tu hai dimenticato immediatamente.

Hai detto qualcosa di sprezzante a qualcuno che stava a malapena in piedi. Il tuo commento — inteso come una battuta, o solo avventato — è diventato la goccia che lo ha spinto a licenziarsi.

Sei stato impaziente con qualcuno che stava facendo del suo meglio. Non ti sei reso conto che era nuovo, o che stava affrontando qualcosa di difficile, o che sentiva già di non riuscire a fare nulla di buono.

Il punto non è renderti paranoico per ogni interazione. Il punto è questo: la tua influenza si diffonde in direzioni che non puoi vedere. A volte in positivo. A volte in negativo. Di solito non saprai mai quale delle due.

Proprio come quella banconota da venti dollari non sa se ha comprato le medicine per qualcuno o ha alimentato la dipendenza di qualcun altro. Viaggia semplicemente di mano in mano, creando impatti oltre la sua consapevolezza.

Lo stesso vale per la tua influenza.

La matematica che nessuno traccia

Tre piccoli atti oggi. Lasciare passare qualcuno. Dire buongiorno. Tenere aperta una porta.

Ora immagina che ognuna di quelle tre persone faccia lo stesso — lasci passare tre persone, saluti tre sconosciuti, tenga aperta la porta a tre persone. Sei passato da tre a dodici persone coinvolte (3+9).

Quei nove su ogni ramo ne influenzano altri tre a testa. Ora sei a trentanove persone (3+9+27).

Guarda cosa succede se continui. Trentanove diventa 120 (3+9+27+81). 120 diventa 363 (3+9+27+81+243). I numeri iniziano a comporsi velocemente. Alla quinta iterazione, sei a oltre mille persone (1.093). Alla settima, sei quasi a diecimila (9.841).

Dieci iterazioni dopo? 265.719 persone.

Tre gesti. 265.719 persone.

Quindi sì, «cambiamo il mondo una precedenza alla volta» non è solo un bel modo di dire per questo libro. La matematica lo conferma davvero.

Ed è completamente invisibile.

Non stai tracciando nulla di tutto questo mentre lasci passare qualcuno. Stai solo agendo in quel momento. Prima o poi, dobbiamo tutti fare quella scelta. E quella singola scelta si moltiplica attraverso vite che non incontrerai mai, creando momenti di cui non sarai mai testimone, influenzando percorsi che si diramano in altri percorsi che si diramano in altri ancora.

L'influenza si somma a una scala che non puoi misurare. Questo non è un limite — è il suo potere.

Cosa potrebbe cambiare per te

Forse questo libro cambierà il modo in cui apprezzi la tua vita e le persone intorno a te. Tutti vorremmo essere la versione migliore di noi stessi. Forse smetterai di vivere in modalità conto alla rovescia, smetterai di sentirti sotto esame ogni giorno, inizierai a guidare senza quella costante pressione di essere misurato rispetto al percorso di chiunque altro.

Forse no. Forse ti aspettavi che fosse impostato diversamente. Forse un tuo amico ti ha detto che era qualcos'altro. Forse semplicemente non sei in un momento in cui tutto questo risuona.

Forse sei d'accordo con tutto, ma non cambia nulla perché leggere non equivale a mettere in pratica.

O forse solo una frase, da qualche parte, ha spostato tutto per te, e il resto era solo il contesto che portava a quel momento.

Non saprò mai quale di queste opzioni sia quella giusta.

Questo libro è l'influenza che sto lasciando sul tuo percorso. Sta viaggiando con te ora verso luoghi che non vedrò mai. Forse cambierà le cose. Forse no. Forse conterà più di quanto io possa immaginare, o forse lo dimenticherai del tutto.

È questo che succede quando l'influenza viaggia oltre il tuo specchietto retrovisore. La sprigioni. Confidi che vada dove deve andare. E continui a guidare in avanti senza conoscerne l'esito.

La stessa cosa accade con ogni piccolo atto che compi. Ogni gesto. Ogni momento in cui il tuo percorso si è intersecato con quello di qualcun altro e la tua influenza è diventata parte della sua direzione successiva.

Ti limiti a sprigionarla e continui a guidare.

Oltre la tua visuale

Nessun cruscotto che monitori dove sono arrivati i tuoi piccoli gesti. Nessuna pagella che tracci quante persone sono state influenzate da quella cosa che hai fatto quella mattina quando cercavi solo di essere una persona decente.

Tu guidi e basta. Crei momenti. Influenzi percorsi. E poi quelle persone continuano su sentieri che non vedrai mai, verso destinazioni che non conoscerai mai, portando con sé l'influenza che hai sprigionato senza sapere dove sarebbe andata.

Parte di quell'influenza prosegue per anni. Decenni. Forse generazioni. Viaggiando attraverso percorsi così lontani dai tuoi che sarebbe impossibile risalire al tuo atto originale, anche se potessi vederlo.

Non è una mancanza di tracciamento. Non è qualcosa che avresti dovuto monitorare meglio. È semplicemente così che funziona l'influenza quando ognuno percorre il proprio tragitto.

Il tuo specchietto retrovisore mostra le persone per un attimo dopo che i tuoi percorsi si sono incrociati. Poi cambiano strada. Prendono uscite. Restano indietro. E il loro percorso continua oltre la tua visuale.

Hai mai desiderato essere un influencer? Beh, lo sei. Potresti vederti come una persona ordinaria. Ma gli atti ordinari creano increspature che non vedrai mai.

Hai influenzato qualcuno. Hai cambiato qualcosa. Hai creato un momento che è diventato parte della sua direzione successiva.

Ma cosa è successo dopo? Dove sono andati? Cosa ha cambiato la tua influenza in modi che non puoi vedere?

Tutto questo è oltre il tuo specchietto retrovisore.

E tu continui a guidare in avanti sul tuo percorso, creando altri momenti, influenzando altre persone, sprigionando altra influenza in direzioni che non vedrai mai.

Non c'è esame che valuti se hai tracciato tutto correttamente.

C'è solo la strada davanti a te, i piccoli gesti che compi e la fiducia che la tua influenza stia viaggiando verso luoghi oltre la tua visuale — cambiando percorsi che non guiderai mai, toccando persone che non incontrerai mai, creando increspature che non vedrai mai.

È questo il territorio oltre il tuo specchietto retrovisore.

Ed è più grande di quanto saprai mai.

Capitolo 23

CRUISE CONTROL SPENTO

Anche dopo migliaia di chilometri percorsi sempre allo stesso modo, si può cambiare.

Chilometri fa, ti misuravi con chiunque.

Ogni auto che ti sorpassava somigliava a un fallimento. Ogni auto che superavi sembrava una vittoria. Gareggiavi con concorrenti immaginari su un'autostrada che non ha mai avuto un traguardo.

Vivevi come se ci fosse un esame. Come se qualcuno stesse dando un voto alla tua velocità, al tuo percorso, alle tue scelte. Come se ci fosse una scheda di valutazione da qualche parte che segnava se stessi guidando correttamente.

Ora guardati.

Sai di essere il tuo unico punto di riferimento. Capisci che il tuo percorso è il tuo — non migliore o peggiore di quello di chiunque altro, semplicemente tuo. Vedi l'oggi come il 100% della tua vita, non come la preparazione a qualcos'altro. Ti concentri sul tuo volante, non sulla velocità degli altri. Stai costruendo un'eredità attraverso la tua presenza, non attraverso ciò che lascerai quando parcheggerai.

Non sei più lo stesso guidatore che ha iniziato questo viaggio.

Cosa è Cambiato Davvero

Forse è cambiato tutto. Forse solo una cosa. Forse qualcosa nel mezzo.

Ma qualcosa si è spostato.

Hai smesso di gareggiare con auto che non erano mai in competizione con te. Hai smesso di paragonare il tuo contachilometri a quello di chiunque altro. Hai smesso di pensare che la corsia ti appartenesse. Hai smesso di suonare il clacson per ogni presunto affronto.

Hai iniziato a vedere gli altri guidatori come persone sui propri percorsi, invece che come ostacoli nel tuo. Hai iniziato a misurare i progressi rispetto a chi eri ieri, anziché rispetto a chiunque ti circondi. Hai iniziato a capire che i tuoi ricordi appartengono a te e i loro ricordi appartengono a loro.

Hai disimparato la competizione. Hai disimparato la divisione. Hai disimparato la trappola dei consigli altrui. Hai disimparato il rimpianto.

Non perché tu abbia finito di imparare. Non perché tu abbia capito tutto. Non perché tu ti sia laureato o abbia completato qualche corso su Udemy.

Ma perché hai passato questi chilometri a esaminare come guidi e, a un certo punto lungo la strada, la tua prospettiva è cambiata.

L'autostrada ha un aspetto diverso ora. Non perché l'autostrada sia cambiata. Ma perché tu la vedi diversamente.

Questa è la Tua Vita Ora

Non hai imparato una filosofia. Non hai adottato un metodo. Non hai memorizzato un sistema.

Hai cambiato il tuo modo di vedere.

E questa non è una cosa che si accende e si spegne. Non è qualcosa che applichi quando conviene. Non è una tecnica che usi in certe situazioni.

Questo è semplicemente il tuo modo di guidare, adesso.

Ogni mattina al risveglio, non c'è esame ad attenderti. Nessuno dà voti per stabilire se stai vivendo correttamente. Nessuno misura i tuoi progressi rispetto a uno standard universale. Nessuno ti mette in classifica rispetto a tutti gli altri che stanno cercando, come te, di capire come navigare il proprio percorso.

In ogni interazione che hai, non viene registrato alcun voto. Nessuna scheda segna se l'hai gestita perfettamente. Nessun giudice stabilisce se la tua risposta è stata ottimale.

In ogni scelta che fai, non esiste una risposta universale corretta. Esiste solo la scelta che ha senso per il tuo percorso, al tuo ritmo, con le tue specifiche circostanze che nessun altro comprende appieno perché non sta guidando la tua auto.

Questa non è più filosofia. Questa è la tua vita reale.

Non ti «eserciti» a vedere te stesso come il tuo unico punto di riferimento. Lo sei e basta. È così che funziona la prospettiva.

Non «ti ricordi» di concentrarti sul tuo volante. Ti viene naturale ora, perché hai capito che è l'unica cosa che puoi controllare.

Non «provi» a vedere l'oggi come il 100% della tua vita. Lo vedi così e basta, perché comprendi che questo momento è l'unico che stai effettivamente vivendo.

Il cambiamento è già avvenuto. Non è qualcosa verso cui stai lavorando. È qualcosa che sei.

L'Autostrada non è Cambiata

Questo libro finisce.

Il traffico no.

Domani mattina salirai in auto e l'autostrada sembrerà esattamente la stessa. Stesse corsie. Stesse regole. Stessi altri guidatori che navigano i propri percorsi alla propria velocità.

La cultura cercherà ancora di programmarti. I social media cercheranno ancora di misurarti. La società cercherà ancora di paragonarti. La famiglia cercherà ancora di competere attraverso di te.

La tua città continuerà a giudicarti dalla macchina. I tuoi vicini continueranno a interessarsi alla tua casa. I tuoi parenti continueranno a chiederti quando ti sposerai, quando avrai figli o quando otterrai una promozione.

Il ciclo del gossip continuerà a girare. I giochi di status continueranno a funzionare. Le competizioni immaginarie esisteranno ancora nella mente di tutti gli altri.

Niente di tutto questo è cambiato perché hai letto un libro.

L'autostrada funziona nello stesso modo di sempre. Le altre auto guidano ancora come se ci fosse un esame. La cultura trasmette ancora lo stesso messaggio. La programmazione è ancora in esecuzione su ogni schermo, in ogni conversazione, in ogni interazione.

Ma tu sei diverso.

Ora la vedi diversamente. Ti rispondi diversamente. La attraversi diversamente. Senza lo stress costante. Senza il peso di voti immaginari. Senza l'ansia di quanto tu sia all'altezza.

Lo stress che portavi con te — quel sentirti costantemente misurato, costantemente paragonato, costantemente sotto esame — quel peso si è sollevato a un certo punto di questo viaggio. Non perché il mondo abbia smesso di essere stressante. Ma perché tu hai smesso di credere che lo stress fosse necessario.

Non stai gareggiando, quindi non puoi perdere. Non vieni valutato, quindi non puoi fallire. Non stai correndo, quindi non puoi restare indietro.

La pressione c'è ancora. Ma non ti colpisce più allo stesso modo. Forse ci stiamo ponendo le domande sbagliate: non «Sto vincendo?», ma «Sto guidando?».

Quando la cultura ti sprona a competere, riconosci il loop infinito prima di entrarci. Quando i social media provano a darti un voto, ricordi che nessuno sta davvero tenendo il punteggio. Quando la società ti misura secondo standard arbitrari, sai che ti stai misurando rispetto a chi eri ieri.

La pressione non è scomparsa. Hai solo smesso di crederci.

I paragoni non si sono fermati. Hai solo smesso di parteciparci.

L'esame immaginario non è svanito. Ti sei solo reso conto che non è mai stato reale.

E questo è sufficiente.

Non hai bisogno che il mondo cambi. Non hai bisogno che tutti gli altri smettano di competere. Non hai bisogno che la cultura smetta di programmare, o che i social smettano di misurare, o che la società smetta di paragonare.

Hai solo bisogno di continuare a percorrere la tua rotta, al tuo ritmo, con lo sguardo fisso sul tuo volante.

L'autostrada è la stessa. Tu sei diverso.

Questo è ciò che conta.

Guida Consapevole

Per quanti chilometri sei rimasto col cruise control inserito?

Seguendo la velocità di chi ti circondava. Restando nella corsia indicata dalla cultura. Prendendo l'uscita che la società si aspettava. Gareggiando perché così avevi imparato a fare. Misurando perché ti era stato insegnato che contasse. Conosci quella sensazione — quando non sai se sei sveglio o addormentato?

Pilota automatico. Risposte programmate. Reazioni automatiche. Copioni culturali eseguiti senza il tuo coinvolgimento consapevole.

Non stavi guidando davvero. Eri guidato — dalle aspettative, dalla programmazione, dalle convinzioni ereditate su cosa significhi il successo, su come dovrebbe apparire la vita e su cosa dovresti desiderare.

Ma ora stai guidando in manuale da un bel po' — forse te ne sei accorto solo adesso.

Hai preso il controllo manuale. Libera la mente dalle impostazioni del cruise control programmate da qualcun altro. Hai iniziato a compiere scelte consapevoli anziché automatiche. Hai iniziato a chiederti se il percorso che prendono tutti gli altri sia quello che ha senso per te.

Stai guidando ora. Guidando sul serio.

Non perfettamente. Non senza errori. Non senza dimenticartene ogni tanto e ricadere nei vecchi schemi.

Ma consapevolmente. Intenzionalmente. Con la consapevolezza che sei tu a tenere il volante, a premere i pedali, a scegliere le corsie, a decidere la velocità.

Il cruise control è spento. E non lo riaccenderai.

Cosa Porti con Te

Questa consapevolezza non se ne va.

Non è qualcosa che dimenticherai quando chiuderai questo libro. Non è qualcosa che svanisce quando torni alla vita di tutti i giorni. Non è una chiarezza temporanea che si dilegua quando il mondo reale torna a incalzare.

Non puoi «non vedere» ciò che hai visto. Non puoi «non sapere» ciò che ora comprendi. Comprenderlo non è lo stesso che viverlo.

Ti verrà ricordato ogni singolo giorno. Ogni volta che salirai sulla tua auto reale, accenderai il motore, ti immetterai nel tuo tragitto reale — ti ricorderai. L'autostrada non è solo un posto di cui stai leggendo. È dove vivi.

Dovrai ancora affrontare pressioni. Incontrerai ancora la competizione. Sentirai ancora voci che ti diranno di misurarti con chiunque altro.

Ma ora le riconoscerai. Le vedrai per quello che sono. E sceglierai se lasciarti coinvolgere o tenere gli occhi sulla tua strada.

Alcuni giorni guiderai con perfetta chiarezza, ricordando tutto ciò che hai imparato, navigando con sicurezza.

Altri giorni ricadrai nei vecchi schemi, inizierai a paragonarti agli altri, sentirai il richiamo di competizioni immaginarie.

Entrambe le cose vanno bene. Fanno entrambe parte del percorrere la propria rotta. Non stai cercando di raggiungere una coerenza perfetta. Stai solo cercando di guidare in modo consapevole più spesso di quanto facessi prima.

E lo farai. Una volta che vedi che non c'è esame, non puoi far finta che esista. Una volta che capisci di essere il tuo punto di riferimento, non puoi misurarti dalle coordinate di qualcun altro. Una volta che riconosci che la tua rotta è tua, non puoi guidare come se fossi sul sentiero di un altro.

Il cambiamento è permanente. Non perché non dimenticherai mai. Ma perché, anche quando dimenticherai, tornerai a ricordare. La consapevolezza è lì ormai. Non scompare solo perché non ci pensi in ogni istante.

Sei Pronto

Per tutto questo viaggio, abbiamo viaggiato insieme.

Ti ho indicato delle cose. Ti ho mostrato ciò che ho notato. Ho condiviso una prospettiva che mi ha aiutato a smettere di vivere come se ci fosse un esame che giudicava ogni mia mossa.

Tu l'hai elaborata. L'hai messa alla prova con la tua esperienza. Hai deciso cosa risuonava e cosa no. L'hai fatta tua invece di accettarla passivamente. Questo era per te, e per te soltanto.

E ora sei pronto.

Non perché tu sia diventato un maestro in tutto. Non perché tu abbia risolto ogni enigma. Non perché non farai più fatica con questi concetti.

Ma perché ora li comprendi. La prospettiva è cambiata. La consapevolezza esiste. Il cruise control è spento. Sai già cosa devi fare.

Sei pronto a continuare a guidare — consapevolmente, intenzionalmente, con gli occhi sulla tua strada invece che su quella di tutti gli altri.

L'autostrada non è cambiata. Il traffico è ancora lì. La pressione esiste ancora.

Ma tu sei diverso. Ed è questo che conta.

Non sei il guidatore che eri all'inizio di questo viaggio. Non ti misuri più con standard immaginari. Non competi in gare che non esistono. Non vivi come se ci fosse un esame.

Stai solo guidando. La tua rotta. Il tuo ritmo. Le tue scelte. Noi siamo ancora qui. Tu sei ancora sulla strada. Questo è ciò che conta.

Ed è esattamente quello che dovresti fare.

Perché non c'è esame. Non c'è mai stato.

Ci sei solo tu sulla tua rotta, diretto verso qualunque cosa venga dopo.

Il cruise control è spento.

Sei pronto.

Capitolo 24

QUESTA È LA MIA FERMATA

Dunque il momento è arrivato. Siamo giunti insieme a questo punto ed è qui che io scendo.

Non perché il viaggio finisca. Il tuo percorso continua. Ma questa particolare corsa che abbiamo fatto insieme — questa conversazione che abbiamo portato avanti negli ultimi centinaia di chilometri — si conclude naturalmente qui.

Cosa è stato davvero tutto questo

Non ti stavo insegnando come vivere. Non ho le tue risposte. Non potrei averle. Stai percorrendo una rotta che non ho mai battuto, navigando in condizioni che non ho mai affrontato, facendo scelte basate su circostanze che non comprendo appieno perché sono tue, non mie.

Quello che ho fatto è stato condividere una prospettiva. Ho indicato degli schemi che ho notato nel mio percorso. Ti ho mostrato cosa mi ha aiutato a smettere di vivere come se ci fosse un esame a dare un voto a ogni mia scelta. Cosa mi ha aiutato a vivere con meno stress, meno ansia, meno peso sulle spalle. Una vita più felice.

E tu lo hai elaborato. Hai preso ciò che ho condiviso e l'hai passato al vaglio delle tue esperienze, della tua lente, della tua comprensione di come funziona effettivamente la tua vita. Hai deciso cosa risuonava e cosa no. Lo hai fatto tuo — non copiando il mio tragitto, ma usando le mie osservazioni per comprendere le tue.

Ricordi la trappola dei consigli? Non riguardava solo i consigli degli altri. Riguardava anche l'intero libro. Se provi a percorrere la rotta esattamente come l'ho descritta io, andrai a sbattere. Perché la mia rotta non è la tua rotta. I miei ostacoli non sono i tuoi ostacoli. La mia destinazione non è la tua destinazione.

Questa è stata una conversazione tra due persone su rotte diverse che si sono trovate a viaggiare nella stessa direzione per un po'. Ho condiviso ciò che ho visto. Tu hai deciso cosa significasse per te.

Tutto qui. Ed è esattamente ciò che doveva essere.

Ora vedi in modo diverso

Ora puoi scorgere la programmazione ovunque. Non puoi più far finta di non vederla.

Prendi la bellezza delle celebrità. Lodiamo le persone famose per il loro splendore, ma se quella stessa persona non fosse famosa, se non fosse ricca, se lavorasse semplicemente nel negozio all'angolo, potremmo persino non notarla. Il suo *doppelgänger* esiste da qualche parte, con lo stesso identico viso, lo stesso identico corpo, gli stessi identici lineamenti. Ma non fantastichiamo sulla replica. Non mettiamo il gemello sconosciuto sulle copertine delle riviste.

In realtà non stiamo lodando la bellezza. Stiamo lodando la posizione. Stiamo adorando lo status e lo chiamiamo estetica. Ma è la verità? O solo un'illusione?

Lo stesso vale per le battute del tuo capo. La gente ride di più per via del ruolo, non perché l'umorismo sia migliorato.

Le stesse band vengono spinte con enormi budget di marketing e diventano fenomeni globali, mentre musicisti con più talento, coreografie migliori e abilità superiori rimangono sconosciuti.

Lodiamo quelli famosi non perché siano migliori, ma perché siamo programmati per adorare ciò che è già stato elevato.

Ora lo vedi. È ovvio. Sei più consapevole dello schema.

O guarda come costruiamo la tecnologia. Ogni nuovo robot

umanoide viene annunciato con la solita fanfara: «Guarda, può fare i lavori domestici!».

Ma perché siamo fissati con il copiare il corpo umano? Se l'obiettivo è l'utilità, perché limitarsi a due braccia invece di quattro? Voglio dire, «Generale Kenobi...» (sì, è un riferimento a *Star Wars*).

Non stiamo costruendo robot per aiutarci. Li stiamo costruendo perché ci somiglino. Stiamo gareggiando contro noi stessi come specie. Cerchiamo di battere la forma umana invece di risolvere problemi reali.

L'auto è diventata autonoma senza bisogno di un robot seduto al posto di guida. Il sistema di lavanderia potrebbe essere IL robot, invece di costruire una macchina a forma di persona per far funzionare la lavatrice.

Ma continuiamo a competere con il design del nostro stesso corpo come se ci fosse un esame da qualche parte che valuta se siamo riusciti a replicare noi stessi con successo.

Persino la frase «pensare fuori dagli schemi» è programmazione. Lo schema è la programmazione.

Non pensare fuori dagli schemi. Pensa come se gli schemi non esistessero.

Non lasciare che la programmazione sia il tuo punto di riferimento. Metti sempre in dubbio che quegli schemi esistano davvero.

Ma il cambiamento più importante? Quello che cambia la tua reale vita quotidiana?

Non vedi più NPC.

Eri abituato a vedere il barista come qualcuno che dovrebbe fare il caffè più velocemente. L'autista lento come un ostacolo sul tuo cammino. Il cassiere che commette un errore come qualcuno che dovrebbe essere più bravo nel proprio lavoro. Funzioni che dovrebbero operare in modo efficiente.

Ora vedi opportunità.

Ogni interazione è un'occasione per riconoscere un altro essere umano. Per vedere la persona dietro la funzione. Per esercitarti a mostrarti umano invece di trattare le persone come scenografia di sottofondo nella tua storia.

Sei passato dal pretendere un servizio all'essere grato per l'opportunità. Dal sentirti frustrato dagli ostacoli all'apprezzare ogni momento in cui puoi vedere qualcuno pienamente invece di ridurlo al suo ruolo.

Il barista non è lì per servirti. È una persona che oggi sta facendo il caffè, proprio come te sei una persona che lo sta ordinando. È un'opportunità di connessione, anche breve, come due esseri umani che condividono uno spazio invece di una persona che estrae un servizio da un'altra.

Questo è l'*omoiyari* che vive in te ora. Non come qualcosa che pratichi. Come qualcosa che vedi.

C'è un altro livello in tutto questo.

Non vedi più divisioni.

La tua città natale ti ha insegnato che ci sono «noi» e «loro». Il tuo gruppo e gli altri gruppi. La tua gente e quella gente. Squadre. Tribù. Categorie. Gerarchie.

Ora riesci a vedere oltre tutto questo.

Ognuno è solo un guidatore sulla propria rotta. Nessuna squadra. Nessuna gerarchia. Niente più noi contro loro. Solo individui che navigano nelle proprie autostrade al proprio ritmo con le proprie destinazioni che non hanno nulla a che fare con la tua.

La programmazione ha cercato di farti pensare per divisioni. Ora non lo fai più.

Non puoi più smettere di vedere tutto questo. Vedere è credere. Il cambiamento di visione è permanente. Non perché tu stia cercando di mantenerlo, ma perché una volta che vedi chiaramente, non puoi più fingere che la sfocatura fosse reale.

La vera sfida

Abbiamo appena riconosciuto che sei pronto. Che sei cambiato. Che il controllo della velocità è disattivato.

Tutto questo è vero.

Ma ecco la parte più difficile: restare così.

Il mondo non è cambiato. La cultura continua a programmare. I social media continuano a misurare. La società continua a paragonare. Tutti intorno a te guidano ancora come se ci fosse un esame.

E la forza che ti spinge indietro è costante.

Ti ritroverai in fila al supermercato e sentirai salire quella vecchia frustrazione — perché questa persona è così lenta, non sa che ho degli impegni — prima di riprenderti e ricordare: non è un NPC. È una persona che sta vivendo una giornata reale quanto la tua.

Vedrai il successo di qualcuno sui social media e sentirai quel paragone insinuarsi — loro sono avanti, tu sei indietro, non stai facendo abbastanza — prima di ricordare: il tuo contachilometri misura i tuoi chilometri, non i loro.

Sentirai la voce della tua città natale nella testa — dovresti volere questo, dovresti dare valore a quello, dovresti competere qui — prima di ricordare: quelle sono convinzioni ereditate, non i tuoi desideri autentici.

La programmazione non smette di girare solo perché ora riesci a vederla.

Non si tratta di affermazioni quotidiane o mantra. Non si tratta di ricordare a te stesso ogni mattina che non c'è esame. Si tratta di guidare intenzionalmente in un mondo progettato per rimetterti con il pilota automatico.

Riuscirai a continuare a vedere gli esseri umani quando tutti li trattano come funzioni? Riuscirai a tenere gli occhi sulla tua strada quando tutti osservano la velocità degli altri? Riuscirai a continuare a percorrere la tua rotta quando la cultura continua a dirti quale rotta dovresti prendere invece?

Puoi farcela. Non perfettamente. Non in ogni momento. Non senza ricadere occasionalmente nei vecchi schemi.

Ma più spesso di prima. E quando scivolerai, te ne accorgerai più in fretta. Ti riprenderai prima. Tornerai a una guida consapevole più velocemente.

Perché la consapevolezza ormai c'è. Non se ne va. Non è qualcosa che ti sforzi di mantenere. È semplicemente parte del tuo modo di vedere.

Con cosa stai guidando

Completa gli altri invece di competere con loro. La L di «completa» (*complement*) ti porta alla W della vittoria (*win*).

Nella tua squadra. Nella tua famiglia. Nella tua relazione. Nel tuo lavoro. Completare gli altri significa che tutti vincono. Competere significa che qualcuno deve perdere. Non hai bisogno di gareggiare con tutti. Non tutto è una competizione. Non c'è esame.

Controlla ciò che puoi controllare. Il tuo volante. La tua velocità. La tua corsia. Le tue scelte. Tutto qui. Non puoi controllare il traffico. Non puoi controllare il meteo. Non puoi controllare ciò che fanno gli altri guidatori. Concentrati su ciò che è effettivamente nelle tue mani. Tutto il resto è solo rumore.

I tuoi ricordi ti appartengono. Nessun altro era nella tua testa quando hai vissuto quei momenti. Non possono cambiare ciò che hai provato. Non possono dirti cosa ha significato. I tuoi ricordi sono solo tuoi — non sono oggetto di dibattito, né soggetti all'interpretazione di qualcun altro. Ciò che hai vissuto è ciò che hai vissuto.

Vedi gli altri come esseri umani. Non come NPC. Non come ostacoli. Non come funzioni. Persone con vite piene che sono reali e complesse quanto la tua. Ogni interazione è un'opportunità per riconoscerlo. Per mostrarti umano invece di estrarre solo ciò di cui hai bisogno e andare avanti.

Oggi è il 100% della tua vita. Non una frazione in attesa di completamento. Non una preparazione per il domani. È questo. La vita che stai vivendo proprio ora è l'unica che stai effettivamente sperimentando.

Vai e di' a qualcuno cosa significa per te.

Oggi.

Di' quella cosa importante che stavi aspettando il «momento giusto» per dire. Non sei in modalità conto alla rovescia — non c'è un timer che sta per scadere. Ma oggi è il 100% di ciò che hai, quindi vivila come se fosse importante. Perché lo è.

Non tutti raggiungeranno la tua stessa distanza. Alcune rotte finiscono prima di altre. Non è un fallimento. Non è restare indietro. È semplicemente la realtà. I viaggi di alcune persone si concludono prima del previsto. Altri più tardi. Non sai quale sia il tuo.

Questo non vuole spaventarti. Serve a rendere l'oggi ancora più importante. Non in senso di conto alla rovescia, ma in modo presente e intenzionale. Tu sei qui ora. Le persone che puoi raggiungere oggi sono qui ora. Chiamale.

La mia uscita

Tu stai continuando la tua rotta. I nostri sentieri ora si dividono.

Questo non è un abbandono. È solo così che funzionano i percorsi. Abbiamo viaggiato insieme per questi chilometri. Abbiamo avuto questa conversazione. Abbiamo condiviso questo tratto di autostrada.

Ma la tua rotta continua oltre il punto in cui la mia si ferma. Ed è esattamente così che deve essere.

Hai tu il volante. Ce l'hai sempre avuto, in realtà. Guarda bene. Il guidatore sei sempre stato tu. Le tue mani. Le tue scelte. La tua direzione. Io non ho mai guidato per te. Non avrei potuto. È la tua auto. La tua rotta. La tua vita.

Tutto quello che ho fatto è stato starti accanto e farti notare ciò che osservavo. Condividere osservazioni. Offrire prospettive. Ma ogni chilometro che hai percorso? Sei stato tu a guidare. Ogni cambiamento nel tuo modo di vedere le cose? Sei stato tu a cambiare. Ogni scelta su cosa risuonasse in te? Sei stato tu a decidere.

Non hai più bisogno di me per farti notare le cose. Ora puoi vederle da solo.

La programmazione ti è visibile. Gli NPC sono diventati umani. Le divisioni si sono dissolte. L'esame immaginario è stato rivelato per ciò che è sempre stato: nulla. Non c'è magia qui — solo la consapevolezza che era lì fin dall'inizio.

Vedi la tua rotta per quello che è: la tua.

Hai tenuto la mappa per tutto il tempo. Il tuo atlante. La tua rotta.

Né migliore né peggiore di quella di chiunque altro. Non più avanti, né più indietro. Senza vincere né perdere. Semplicemente la tua.

Ed è sufficiente così.

Non c'è esame. Non c'è mai stato. Nessuno sta dando un voto alla tua rotta. Nessuno sta classificando le tue scelte. Nessuno sta tenendo il punteggio per vedere se stai vivendo correttamente.

Ci sei solo tu sulla tua rotta, alla guida verso qualunque cosa venga dopo.

Sai dov'è il tuo punto di riferimento e potresti aver superato diversi «ostacoli» per arrivare fin qui. Ma ora stai vedendo alcuni conducenti sulla strada. E li raggiungerai, così da poter ottenere il successo di cui hai bisogno. Hai già capito contro chi stai gareggiando. Sai già cosa significa il tuo 100%. Sai quali scelte ti hanno portato a questo momento. Sei qui. Sai che non tutti percorreranno la tua stessa distanza. Le generazioni precedenti ti hanno insegnato come guidare, ma ora sai che i tuoi occhi devono solo essere concentrati sulla strada davanti a te. Niente distrazioni. Sai tutto questo. Lo hai sempre saputo.

Pronto? Prendi il volante.

APPENDICE A:
SPIA DEL MOTORE

Il 25 novembre 2022 mi è stata diagnosticata la sindrome di Asperger. Avevo 45 anni.

Dall'ultimo DSM, l'Asperger è stato accorpato allo spettro autistico. Sono autistico (e ne vado molto fiero!). La diagnosi ha cambiato la mia vita — non perché abbia cambiato chi sono, ma perché ha finalmente spiegato il motivo per cui elaboro il mondo in questo modo.

Ho attraversato il viaggio dell'inclusione in tre fasi che ho descritto nel libro: Consapevolezza > Accettazione > Indifferenza. Quest'ultima è positiva. È come essere mancini. Un cablaggio diverso. Non carente. Solo diverso.

La diagnosi mi ha dato due cose. In primo luogo, spiegazioni per modelli con cui avevo convissuto per tutta la vita. Sono ipersensibile ai rumori, quindi ora evito i luoghi rumorosi invece di costringermi a sopportarli senza sapere che stavo facendo «masking». Ho sempre avuto bisogno che le cose avessero un senso letterale. Non potevo accettare vaghe regole sociali senza metterle in discussione. Ora so perché.

In secondo luogo, mi ha aiutato ad abbracciare una prospettiva che ho sempre avuto — questo bisogno di vedere le cose da angolazioni diverse, di mettere in dubbio ciò che chiunque altro accetta come normale.

È da qui che è nato il contenuto di questo libro. Il mio cervello Asperger ha bisogno di risposte letterali. Quando vedo competizione ovunque, il mio cervello pensa immediatamente: ok, allora qual è il premio? Quando finisce? Quali sono le regole?

E quando non riuscivo a trovare risposte a queste domande — quando ho capito che NON c'è un premio, NON c'è una fine, NON ci sono regole — il mio cervello ha concluso: allora non c'è competizione.

Quella consapevolezza è diventata «Non c'è esame». Una volta individuato quel modello nella competizione, ho iniziato a vederlo ovunque. Tutti questi sistemi di valutazione invisibili per cui le persone si stressano — nessuno di essi esiste realmente. Sono costrutti sociali astratti che abbiamo accettato di trattare come reali.

E a causa del mio autismo, non posso accettare costrutti sociali astratti senza prove. Se qualcuno mi dice: «Devi stare al passo con gli altri», il mio cervello chiede immediatamente: «Stare al passo con quali altri? Secondo quale parametro? Chi sta misurando? Chi l'ha deciso?».

Può sembrare che io stia sfidando l'autorità, ma sto sinceramente cercando risposte. O quando qualcuno si congeda dicendo «stia bene!», io penso: «Beh, è ovvio che mi prenderò cura di me stesso».

Quindi, la mia idea iniziale era di scrivere un libro sul punto di vista di una persona autistica nella vita, ma poi ho deciso di evitare quella strada perché, in primo luogo, se avessi menzionato subito il mio autismo sapevo che avrebbe potuto predisporre le persone a pensare che il libro parlasse di autismo — so leggere il contesto (gioco di parole intenzionale) — ed è per questo che non ho scelto un sottotitolo come «Un approccio autistico alla vita» o qualcosa del genere. E in secondo luogo, questo è il mio modo di abbracciare la fase dell'Indifferenza, il che significa che non ho bisogno di annunciare la mia diagnosi. Questo libro è per tutti. E il messaggio funziona a prescindere dal fatto che sappia o meno che sono autistico.

La mia storia

Non sono uno psicologo. Non sono un terapeuta. Non ho una formazione formale nel comportamento umano o nella salute mentale.

Ho studiato ingegneria meccanica. Ho lavorato per oltre 13 anni nello sport. Nell'editoria. Mi sono evoluto nel settore tecnologico. Frequento aziende di tipo «Silicon Valley» da cinque anni ormai. Ho trascorso la mia carriera come AI Product Manager nella Ricerca e Sviluppo, costruendo prodotti digitali e risolvendo problemi. Questo è il mio background. Analitico. Tecnico. Empirico.

Ho persino creato una pagina web su di me trattata come il versionamento di un software: https://ericsalinas.dev Lì condivido riflessioni legate alla tecnologia, ma l'esperimento principale consisteva nel condividere la mia crescita come un versionamento con patch, aggiornamenti minori e major upgrade. In sintesi, questo sono io. Sono strano e lo adoro.

Questo libro non è nato da credenziali accademiche. Nasce dal mio percorso — dalle esperienze e circostanze specifiche che mi hanno fornito questa prospettiva.

(Sì, viene dal cuore, ma la mia fissazione per la metafora ha vinto questa battaglia interiore).

APPENDICE B: QUANDO FINISCONO LA BENZINA

Nel 2022, durante i nostri Neurodiversity Talks presso Wizeline (dove lavoro attualmente), un giorno l'argomento è caduto sulla paura della morte dei propri cari, nello specifico i nostri genitori. Ho condiviso la mia prospettiva sulla morte e le persone mi hanno detto che li ha aiutati a riflettere sulla perdita in modo diverso. La condivido qui, nella speranza che possa essere d'aiuto a qualcuno:

A causa del mio autismo e della sindrome di Asperger, sono molto pragmatico riguardo alla morte.

Non la temo. Non perché io sia coraggioso, illuminato o distaccato. Ma perché la morte è un dato di fatto. È irreversibile. È inevitabile.

Persino oggi, con tutti i progressi della GenAI, non è possibile ricreare una persona cara. Si potrebbe addestrare un LLM sulla sua voce, sui suoi schemi comportamentali, sul suo stile di scrittura. Si potrebbe creare un avatar realistico che le somigli. Si potrebbero generare risposte che sembrino qualcosa che direbbe lei.

Ma quella persona non ci sarebbe più. L'individuo che è esistito davvero, che ha vissuto davvero, che ha influenzato davvero la tua vita: quella persona se n'è andata. La tecnologia non cambia questo fatto.

Ecco perché non temo la morte.

Cosa mi preoccupa realmente

Mi preoccupo, sì, quando qualcuno muore. Ma non per la persona deceduta.

Mi preoccupo per chi resta. Per coloro che soffrono a causa della perdita. Per chi cerca di capire come continuare a vivere senza qualcuno che faceva parte della propria quotidianità.

Le altre persone. Non io.

Ognuno vive il lutto e gestisce la perdita in modo diverso, e va bene così, è normale. Non sto dicendo che non sia giusto soffrire. Non sto dicendo che il dolore sia sbagliato o che le persone dovrebbero «farsela passare» in fretta.

Ma è qui che emerge il mio autismo: quando qualcuno muore, non può più soffrire. Non c'è più. La sofferenza resta a chi è ancora qui, ancora vivo, ancora costretto a navigare nella vita senza di lui.

Celebrare le vite, non solo piangere le morti

Quando Bob Barker (il conduttore di *The Price is Right*) è morto, ho letto un tweet che diceva: «Abbiamo perso Bob a 99 anni. Che cosa triste!».

E io ho pensato: triste? Ha vissuto per 99 anni!

Non dico che la gente non possa essere triste. Il dolore è reale. La perdita fa male.

Ma 99 anni. È quasi un secolo intero di vita. Sono decenni di influenza, successi, relazioni, esperienze. Significa aver stabilito standard per i quiz televisivi che sono durati per generazioni.

Questa è una vita vissuta appieno.

Dovremmo celebrare questo traguardo. Celebrare la sua vita e i suoi successi. Non solo piangere la sua scomparsa.

Dall'altro lato, le morti tragiche — giovani vite, perdite inaspettate, esistenze spezzate prematuramente — quelle sono sempre tristi. Nessuno merita di morire giovane.

Ma anche in quei casi, abbiamo sempre la possibilità di celebrare la loro vita. L'impatto che hanno avuto quando erano qui. Le lezioni che hanno lasciato. L'influenza che hanno esercitato sulle persone intorno a loro, sulla società, sui propri cari.

Moriremo tutti. E, citando Paul Heyman: «Questa non è una previsione, è uno spoiler».

Il più delle volte, i tuoi genitori moriranno prima di te. E nessun genitore vorrebbe mai vivere il contrario, se interpellato. Credimi, io ho vissuto il contrario.

Potresti essere preparati o meno quando accadrà. Ma puoi sempre essere pronti a celebrare la loro vita.

Ricorda tutto ciò che ti hanno insegnato. Ogni momento che hanno condiviso con te. Tutti i ricordi che hai creato insieme. Saranno sempre i tuoi genitori e saranno sempre insostituibili.

Onorateli essendo la persona per cui hanno lavorato duramente gran parte della loro vita, affinché diventassi chi sei in questo momento.

«Semplice» così.

Mantenere vivo il loro spirito

Se sei religioso, puoi parlare con loro attraverso la preghiera.

Se non lo sei, puoi replicare i loro comportamenti nella tua vita quotidiana per mantenere vivo il loro spirito.

Puoi adottare le abitudini che ti hanno insegnato. Usare la saggezza che hanno condiviso. Prendere decisioni nel modo in cui ti hanno mostrato. Affrontare le sfide con l'approccio che usavano loro quando li osservavi gestire situazioni simili.

È così che li onorate. Non attraverso monumenti o commemorazioni perfette. Ma vivendo in un modo che rifletta ciò che ti hanno insegnato. Portando avanti l'influenza che hanno avuto su chi sei diventato.

Se ne sono andati. Ma quello che ti hanno insegnato è ancora qui. E spetta a te decidere se usarlo o ignorarlo.

Abbiamo paura di morire domani, ma non abbiamo paura di non fare nulla oggi. Sappiamo che le persone non resteranno qui per sempre, ma ci comportiamo come se ci fosse sempre altro tempo.

NON ASPETTARE che muoiano per dire loro che li AMATE.

Ditelo ora. Finché sono ancora vivi. Finché possono ancora sentirvelo dire.

Non riserva l'apprezzamento per i funerali. Non trattenere l'amore finché non è troppo tardi. Non aspetta il «momento giusto» per esprimere ciò che qualcuno significa per te.

Il momento è sempre quello giusto. Ditelo ora.

Troppe persone conservano le parole più oneste per gli elogi funebri. Passano il funerale a parlare di ciò che quella persona significava per loro, desiderando di averlo detto mentre era ancora viva per ascoltarlo.

Non sii quel tipo di persona.

I tuoi genitori sono ancora vivi? Dite loro che apprezzi ciò che ti hanno insegnato. Il tuo amico è ancora qui? Fategli sapere che la sua presenza nella tua vita è importante. Il tuo partner è accanto a tu? Assicurati che capisca cosa rappresenta per te.

È difficile condividere i tuoi sentimenti? Mi dispiace, ma non puoi giocare questa carta con me. Quello autistico qui sono io.

Ditelo ora. Non dopo. Non prima o poi. Non quando ti sentirai pronto.

Ora.

La morte è inevitabile. Oggi è il 100% di ognuno. E una volta che qualcuno se n'è andato, non puoi più dirglielo. Puoi solo desiderare di averlo fatto.

APPENDICE C: PULIRE IL MIO BAGAGLIAIO

Non scrivo questo per dirti come pensare. Lo scrivo per mostrarti che anche io ho dovuto disimparare la mia programmazione.

Il virus del pregiudizio di cui ho parlato nel libro? L'ho contratto. Diversi ceppi. E sto ancora lavorando per eliminarne una parte.

Quando il dolore è diventato giudizio

Ho lottato con problemi di numero e motilità degli spermatozoi.

Quella fatica ha creato in me qualcosa che all'inizio non riconoscevo: un forte pregiudizio contro l'aborto.

Ero diventato egoisticamente critico. Come poteva qualcuno scegliere di non avere un figlio quando noi ci provavamo disperatamente senza riuscirci? Come poteva qualcuno interrompere una gravidanza quando noi avremmo fatto di tutto per averne una?

Il mio dolore generava il mio giudizio. Misuravo la situazione di chiunque altro rispetto alla mia. Questo mi ha portato alla terapia della Gestalt. E qualcosa è cambiato.

Ho iniziato a capire che la mia realtà non era universale. Una gravidanza desiderata e una gravidanza non voluta sono realtà completamente distinte. Una coppia che prova a concepire per anni si trova in una situazione diversa rispetto a un'adolescente rimasta incinta in seguito a uno stupro. Un figlio pianificato in una relazione stabile è diverso da una situazione di abuso in cui una donna non ha alcun controllo sul proprio corpo.

Personalmente resto pro-life. Questo non è cambiato. Ma ho imparato a rispettare le scelte degli altri riguardo al proprio corpo.

Voglio dire, l'autonomia del mio corpo maschile non è mai stata messa in discussione. Nessun politico ha mai suggerito di regolamentare la masturbazione maschile. Nessuno mi ha mai detto cosa potessi o non potessi fare con i miei spermatozoi. (Anche quelli sono vivi.)

La legislazione sembra applicarsi solo ai corpi delle donne.

Quel doppio standard mi ha spinto a esaminare la mia posizione. Non ad abbandonarla. Solo a esaminarla.

È lì che sono arrivato. Non a concordare con ogni decisione di abortire. Non a dire che la mia posizione pro-life fosse sbagliata. Solo a rispettare il fatto che le realtà degli altri differiscono dalla mia, e che spetti a loro compiere le proprie scelte.

Rifiutare il copione di Monterrey

So che questo mi si ritorserà contro terribilmente se mai dovessi candidarmi come sindaco, ma c'è una profonda vena di maschilismo nella mia città natale. Non dico che sia un'esclusiva di quel posto — è solo quello di cui posso parlare in prima persona perché l'ho vissuto.

Alle feste, il copione era sempre lo stesso: le donne in cucina, gli uomini alla griglia o a guardare «la partita». Spazi segregati per genere. Gruppi WhatsApp divisi per genere dove gli uomini condividevano materiale pornografico. Atteggiamenti omofobi trattati come «normali».

Tutti partecipavano. Tutti lo imponevano. Tutti agivano come se le cose dovessero andare così e basta.

Io mi sono rifiutato di farne parte.

Mi sedevo con mia moglie invece che «con i ragazzi». Abbandonavo i gruppi WhatsApp maschili quando venivo aggiunto. Non stavo al gioco delle battute omofobe.

E ho perso delle amicizie per questo.

Le persone non capivano perché non seguissi il copione. Perché non prendessi parte alla cultura che tutti gli altri accettavano come normale. Perché scegliessi di sedermi con le donne invece di stare dove «avrei dovuto» essere.

Per me era semplice. Volevo stare con mia moglie. Mi rifiutavo di fare distinzioni in base al genere. Non partecipavo a una cultura con la quale non concordavo.

Ma quella scelta «semplice» ha comportato delle conseguenze sociali. Alcune amicizie sono svanite. Sono diventato l'estraneo perché non assecondavo i modelli di genere che tutti gli altri seguivano.

Non me ne pento (che cos'è il rimpianto?). Ma non fingerò che sia stato facile o che non mi sia costato nulla.

Rifiutarsi di partecipare, però, era solo il livello superficiale. C'era un disimparare più profondo su cui dovevo lavorare.

(Quanto segue è rivolto agli uomini.)

Ho notato qualcosa nel modo in cui le persone giustificavano il sostegno alle cause femministe. La frase che continuava a spuntare era: «Sostengo questa causa perché ho una sorella/madre/moglie/figlia».

Amico, quella giustificazione è comunque egocentrica. Sostieni la causa solo perché tocca qualcuno legato a te. Difendi i diritti delle donne perché il danno arrecato alle donne si ripercuote su di te in quanto uomo. Stai sottintendendo che, se non avessi quella parente donna, non te ne importerebbe nulla?

Questo non è supporto. È proteggere il proprio territorio.

Il supporto autentico significa riconoscere le persone in quanto persone, non come estensioni della propria vita. Non come NPC che contano solo perché fanno parte della tua trama. Significa sostenere le cause perché altri esseri umani vengono danneggiati — non solo perché quegli esseri umani sono casualmente imparentati con te.

Ho dovuto disimparare quell'inquadramento egoistico. Smettere di giustificare il sostegno attraverso i legami personali. Iniziare a riconoscere che le lotte delle persone contano a prescindere dal fatto che colpiscano me o chiunque io conosca.

Su cosa sto ancora lavorando

Non mi presento come qualcuno che ha eliminato ogni programmazione basata sul pregiudizio. Non l'ho fatto.

Mi capita ancora di fare supposizioni. Noto ancora l'affiorare di una programmazione che pensavo di aver rimosso. Ho ancora momenti in cui mi rendo conto che sto valutando la situazione di qualcun altro rispetto al mio punto di riferimento invece di vedere la sua realtà.

Questa non è la storia di come ho capito tutto. È la storia del riconoscimento di aver assorbito una programmazione che non ho scelto, e del fatto che sto lavorando attivamente per esaminarla.

In parte l'ho ripulita. In parte la sto ancora elaborando. In parte probabilmente non l'ho ancora nemmeno identificata.

Ma ecco la differenza tra ora e prima: sono consapevole che esiste. Metto sotto esame le mie reazioni automatiche. Metto in discussione la programmazione invece di seguirla e basta.

Questa non è maestria. È solo pratica.

E condivido questo non perché io abbia tutte le risposte, ma perché forse vedere qualcun altro esaminare la propria programmazione ti rende più facile esaminare la tua.

Tutti abbiamo contratto il virus del pregiudizio. Diversi ceppi. Da molteplici fonti. Assorbiti nel corso di anni di esposizione.

Non devi continuare a far girare quella programmazione solo perché ti è stata installata. Puoi esaminarla. Metterla in discussione. Decidere se vuoi tenerla o eliminarla.

Non è facile. Ha un costo. Significa riconoscere che idee che consideravi verità avrebbero potuto essere programmazione. Significa perdere relazioni con persone che si aspettano che tu imponga gli stessi pregiudizi che loro seguono.

Persino con i membri della famiglia. Come dice giustamente mia moglie: «Persino l'albero genealogico può essere potato».

Ma l'alternativa è vivere l'intera vita eseguendo un software che qualcun altro ha installato in te senza il tuo permesso.

Preferisco esaminare il codice.

NOTE

3. I PERCORSI CHE TI HANNO INSEGNATO

1. Neil deGrasse Tyson, *Starry Messenger: Cosmic Perspectives on Civilization* (Henry Holt and Company, 2022), 149.
2. Neil deGrasse Tyson, *Starry Messenger*, 150.

19. GAREGGIARE CONTRO IL PROPRIO CONTACHILOMETRI

1. John C. Maxwell, *Leadershift: The 11 Essential Changes Every Leader Must Embrace* (HarperCollins Leadership, 2019), 46.
2. Mo Gawdat, *Solve for Happy: Engineer Your Path to Joy* (Gallery Books, 2017), 18.

INFORMAZIONI SULL'AUTORE

Eric Salinas non è uno psicologo, un terapeuta o un guru dell'auto-aiuto. È un ingegnere diventato professionista del settore tecnologico che ha trascorso anni a competere in una corsa che non esisteva, finché non si è reso conto che il sistema di valutazione che gli causava stress era qualcosa che poteva disimparare. Questo libro è la sua conversazione con chiunque si senta ancora misurato da standard invisibili. Vive in Messico con la moglie Silvana, il figlio e i loro due Shih Tzu, Wookie & Padme.

#noncèesame #thereisnoexam

goodreads.com/ericsalinas

amazon.com/author/ericsalinas

bookbub.com/authors/eric-salinas

linkedin.com/in/esalinas

instagram.com/ericsalinas21

threads.com/@ericsalinas21

facebook.com/ericsalinas21

x.com/ericsalinas

tiktok.com/ericsalinaspie

youtube.com/@ericsalinas_dev

NOTA DELL'AUTORE

Questo libro non è stato scritto pensando al fatturato o al profitto. È stato sinceramente scritto per diffondere questo messaggio.

Questa è la mentalità del «Non c'è esame» che cerca di trascendere — anche dopo che me ne sarò andato — lasciando la sua influenza per cambiare il mondo. Perché, siamo onesti, quando pensi di avere un pensiero straordinario o persino una mente straordinaria, non ha importanza se te lo tieni per te. Se non viene condiviso, significa che non aggiunge valore. Pertanto, non ha senso tenere la saggezza solo per noi stessi.

Quindi, per favore, se hai acquistato questo libro in formato fisico, condividilo con un'altra persona. Non farà alcuna differenza restando lì sulla tua libreria come decorazione. Aiutaci a diffondere l'influenza e, per renderla più tracciabile, prima di condividerlo, prendi una penna o una matita e aggiungi il tuo nome completo qui sotto, così ogni volta che finirà nelle mani di qualcun altro, potrà risalire all'«influenza» notando i suoi precedenti proprietari. E quella sarà la rappresentazione del «ramo dell'albero» per questo specifico libro, di cui tu sei l'attuale punto finale. Tu sei l'attuale: «Tu sei qui!».

— Eric Salinas

Precedenti Proprietari:

RINGRAZIAMENTI

Questo libro esiste grazie a Silvana.

Questo libro esiste grazie a Silvana. È un'autrice di successo che mi ha spinto a scrivere, mi ha guidato lungo il percorso e ha curato l'editing di questo libro. Ha creduto che avessi qualcosa che valesse la pena condividere con il mondo e mi ha sostenuto nello scriverlo come il mio vero io.

A Norma Sánchez, la mia terapeuta da oltre un decennio: questo libro è essenzialmente il distillato di dieci anni di nostre sessioni. C'è la Gestalt in ogni capitolo, che i lettori la riconoscano o meno. Grazie per aver preteso che lo finissi — sì, *preteso* — quando avevo bisogno di quella spinta.

A Jorge Matus, la cavia. Per quasi due anni, ti sei fidato di me come mentore, e quella responsabilità mi ha costretto ad articolare cose che avevo solo percepito. La maggior parte di queste intuizioni sono state elaborate nelle nostre conversazioni, per te, perché avevi bisogno di sentirle. È emerso che ne avevo bisogno anch'io.

A Daniel Niquet: una conversazione su quel terrazzo riguardo al fatto che non creiamo i ricordi degli altri è diventata una pietra miliare di questo libro. Alcune intuizioni arrivano nelle sale riunioni; altre arrivano quando qualcuno è abbastanza coraggioso da essere vulnerabile con un collega.

A Clay Griffith, che mi ha detto «non sei uno tra i tanti, sei unico nel tuo genere» quando ne avevo più bisogno. Quella frase appartiene a questo libro. Probabilmente è questo libro.

A Willie González, che vent'anni fa ebbe la curiosità di chiedermi come mi sentissi a creare cartoni animati dopo essermi laureato nel college più costoso della città. Quella domanda, posta nel modo in cui solo un amico può fare — con interesse, non con giudizio — accese qualcosa: «Fino a dove posso spingermi?» è iniziato lì.

A Victoria Cornejo, che mi ha dato il palco. Hai programmato il primo talk «Non c'è esame» a Wizeline, hai creduto nel messaggio prima ancora che fosse un manoscritto e mi hai incoraggiato a continuare. La difesa della salute mentale ha bisogno di più persone come te.

A Gema del Río, mia cara *comadrita*, grazie per avermi messo sotto i riflettori non come ospite, ma come qualcuno la cui prospettiva contava. Mi hai dato la possibilità di ispirare il tuo pubblico — la mia comunità — ad abbracciare l'autismo come qualcosa da portare con orgoglio.

A Santiago Sillis, per aver sempre fatto il tifo per me e per avermi fatto credere che questo messaggio sia importante. A volte è esattamente ciò che una persona ha bisogno di sentirsi dire.

Ai miei genitori, Humberto e Margarita, e a mia sorella Myriam, grazie per esserci stati durante tutto questo viaggio, sostenendomi in modi sia visibili che silenziosi.

A mio figlio David, che mi insegna ogni giorno che divertirsi e godersi la vita non significa farlo nel modo in cui la società dice che i bambini dovrebbero fare. Non hai mai avuto bisogno del permesso per essere te stesso, e io sarò sempre lì a guardare e sostenere fin dove potrai arrivare.

E a te: leggere quest'ultimo paragrafo è la prova che hai spremuto ogni chilometro dal tuo serbatoio per arrivare fin qui, e questo significa tutto per me. Ora faccio parte della tua energia. Grazie per avermi permesso di accompagnarti.